파나소닉 V자 회복의 진실

HS애드 커뮤니케이션 총서 8

파나소닉 V자 회복의 진실

히라카와 노리요시 지음   HS애드 엮음

HS Ad

Panasonic VJI KAIFUKU NO SHINJITSU
© 2016 Noriyoshi Hirakawa
First published in Japan in 2016 by KADOKAWA CORPORATION, Tokyo.
Korean translation rights arranged with KADOKAWA CORPORATION, Tokyo through
Eric Yang Agency Co., Seoul.

'파나소닉 V자 회복의 진실'
한국어판을 펴내면서

　B2B로 방향 전환을 선언한 파나소닉의 행보 중 커뮤니케이션 업계에 종사하는 사람으로서 유독 눈길이 가는 점이 있었습니다. 고객 기업 대상으로 시야를 좁히는 것이 아니라, 대중을 향한 소통이 오히려 더 활기차진 것이었습니다.

　2020 도쿄올림픽에서 전 세계 인구가 더 즐겁게 축제를 즐길 수 있도록 놀라운 일본이 되는데 기여하겠다는 파나소닉의 광고를 보면 파나소닉의 존재 이유는 국가적 사명감이 되기에 충분합니다.

　이러한 선언은 전시와 캠페인을 통해 제시된 증거로 더 강력해집니다. 자동 번역기, 다국어 간판, 원하는 선수의 시점에서 경기를 중계하는 방송 등 듣기만 해도 두근거리는 구체적인 솔루션들이 전시를 통해 실감나게 소개됩니다. 나아가, 이러한 미래 삶에 대한 비전을 6명의 지식인을 필두로 한 캠페인을 통해 대중과 정서적으로 더욱 친밀하게 공유합니다.

　'Wonders! by Panasonic'이라는 슬로건하에 - 말 그대로 두근두근한 방법으로 - 파나소닉이 제안하는 삶을 고객이 깊이 있게 체험하게 하며, 대중과 새로운 신뢰 관계를 형성하고 있는 것입니다. 그 과정 속에는, 단순히 제품을 파는 회사가 아니라 B2B 회사로서 '솔루션'을 제공하는 회사라는 파나소닉의 의지가 자연스럽게 녹아 있습니다.

이러한 소통을 흥미롭게 지켜보는 가운데, 일본 출장 중 저자 히라카와 노리요시 선생님을 만나 많은 자극을 받았고, 저성장·저소비의 뉴노멀 시대에 B2B 기업으로의 전략적 전환을 고민하며 B2C 차원의 공중의 지지도 놓치지 않아야 할 한국 독자들에게도 도움이 되었으면 하는 바람으로 이 책을 펴내게 되었습니다.

저자는 책에서 파나소닉의 장기적인 침체기를 끝내고 매출을 회복세로 전환시키고 있는 현재 쓰가 가즈히로 사장의 경영 전략을 창업자 마쓰시타 고노스케부터 이어 온 '고객 제일주의'의 기본 원칙에 충실한 것으로 설명합니다.

쓰가 사장은 위기 극복을 위해 2013년 B2B 회사를 선언하며, 결코 타협해서는 안 되는 근본 정신인 '고객 가치'만을 남기고 파나소닉을 시대 상황에 맞게 철저히 재구성합니다. 사업부제 부활, 본사 슬림화 등 그가 단행한 대표 개혁들도 파나소닉의 초기 시절부터 면면히 흘러내려 온 고유의 강력한 DNA를 부활시킨 것일 수도 있겠습니다.

동시에, 일찍이 디지털 혁명의 본질을 꿰뚫고, 전략적으로 육성된 디지털 인재들을 전사적으로 배치하여 솔루션 중심의 한 차원 높은 고객 가치를 창출하는 기업 체질을 만든 통찰력도 주목할 만한 점입니다.

쓰가 사장 이전의 경영 체제에서도 B2B 시장에 대한 수많은 노력의 흔적들이 책 속에 나타나 있습니다. B2C 제품들은 이미 성숙기에 접어들었고, 시장 변화에 따라 자연스럽게 B2B에서 신성장 동력을 찾는 도전으로 이어졌던 것입니다.

그러나 B2B 사업이 부상하면서 파나소닉은 '고객'이 아니라 '공장'과 '영업'으로 사고의 중심을 이동시킵니다. 이와 함께, 여러 경영적 착오와 대중의 신뢰를 상실하는 일들이 연이어 일어나면서, 파나소닉은 장기적 암흑시대를 맞게 된 것이 아닌가 합니다.

이러한 이야기들을 통해 광고를 업으로 하는 저의 입장에서 얻은 가장 큰 교훈은 어떠한 사업 포트폴리오에서도 변함없이 중요한 가치는 '고객'이라는 점 입니다.

한국에도 사업의 돌파구로 B2B로 방향 전환을 꾀하고 있는 많은 기업들이 있습니다. 이때 '고객'의 가치를 놓치면 B2B로의 전략적 이동에 실패를 할 수도 있을 것입니다.

B2B 사업에서 브랜드에 대한 대중의 신뢰도와 관심은 여전히 가장 중요한 구매 결정 요소입니다. 이것은 많은 연구 결과에서도 뒷받침하는 내용이기도 합니다. 매우 복잡한 고관여 과정을 거쳐야 하는 B2B 구매 의사 결정에서 대중의 신뢰는 리스크를 줄이는 신용장이 되기 때문입니다.

쓰가 사장은 B2B의 가치 사슬에서도 궁극적 타겟은 '고객'임을 분명히 알고 있는 경영자인 것 같습니다. V자 회복의 시작을 다지고 있는 그의 행보가 더욱 주목되는 점입니다.

책에는 B2B 전환에 따른 경영 전략 외에도 작가가 30년 동안 근무하며 목격한 수많은 리더들의 경영 방식, 인사 정책, 조직 문화, 기타 성과에 대한 이야기가 담겨 있습니다. 아무쪼록 B2B의 올바른 접근을 고민하는 모든 이에게 두루 도움이 되는 책이 되기를 바랍니다.

마지막으로, 이 책이 출판되기까지 아낌없이 지원해 주신 광문각 출판사의 박정태 대표님께 진심으로 감사드립니다. 무엇보다도 한국어판을 내는 것을 흔쾌히 수락하고 한국 독자들에게 빨리 소개될 수 있도록 도와주신 저자 히라카와 노리요시 선생님께 존경과 감사의 말씀을 전합니다.

2016년 6월 10일
HS애드 대표이사 **김 종 립**

한국의 독자 여러분

제 첫 저서를 읽어 주셔서 대단히 감사합니다. 이 책은 파나소닉의 일개 직원에 불과했던 제가 부하 직원의 관점에서 쓴 책입니다.

비즈니스 분야에서는 이미 수많은 기업 비평 서적이 출간되어 있습니다. 하지만 그 대부분은 저널리스트들에 의하여 쓰여진 책입니다. 물론 그 책 속에 날카로운 분석의 결과가 담겨 있을 수는 있겠지만 어차피 그 내용들은 결과론, 사후약방문에 지나지 않습니다.

그런 이론들은 실제로 그 안에서 근무하던 직원들에게 있어서는 괴로운 선고 이상의 의미는 없을 것입니다.

현재와 과거의 직원들과 그 가족들, 관계 회사, 그리고 주주들과 투자가들, 금융기관에게는 이미 지나간 일보다 앞으로 어떻게 해 나가야 할지가 더 중요하지 않을까요?

앞으로 파나소닉은 쓰가 가즈히로 사장의 강력한 리더십 아래, 극적인 V자 회복을 달성할 것입니다. 그 사실은 2016년도의 결산 예상치와 쓰가 사장의 발언에 명백히 드러나 있습니다.

마쓰시타 고노스케 사후 20년간 파나소닉이 힘들었던 이유는 무엇이고, 타 경쟁사가 여전히 침체에 빠져 있는 상황에서 파나소닉은 어떻게 극적으로 회복될 수 있었을까?

그 이유는 이 책을 읽어 보시면 잘 알 수 있을 것입니다.

한국 경제도 일본과 마찬가지로 불안정한 환경에 둘러싸여 있습니다. 아마도 쓰가 가즈히로 사장 취임 이전의 파나소닉과 비슷한 상황에 처한 기업들이 많을 것이라 생각됩니다.

특히 마쓰시타 고노스케라는 걸출한 경영자의 후계 문제는 탄탄한 대기업조차도 흔들리게 합니다.

한국에서도 마쓰시타 고노스케와 같은 전설적인 경영자들이 많이 배출된 것으로 알고 있습니다. 그리고 그들 역시 파나소닉과 비슷한 문제점을 안고 있을 지도 모릅니다.

이 책이 그런 여러분들을 위한 처방전으로서 침체된 기업의 재생을 도울 수 있는 힌트가 될 수 있다면 대단히 기쁘겠습니다.

2016년 6월 10일

히라카와 노리요시

■ 들어가며 | 14

01
파나소닉의 본질

파나소닉의 철저한 사업부제 ………………………………… 25

'25명을 제친' 사장이 창업자의 손자를 인정하지 않았던 이유 … 28

장기 침체를 초래한 파벌 싸움 ……………………………… 31

신상필벌과 패자부활의 균형 ………………………………… 36

강하게 요구할 수 있는 리더 ………………………………… 38

파나소닉의 엘리트들 ………………………………………… 42

사업부가 사업부를 만든다! ………………………………… 46

소니도 파나소닉도 애플에게 패했다! ……………………… 51

'심각하게 생각하지 않는' 파나소닉의 DNA ……………… 54

긴타로 사탕이라도 괜찮아! ………………………………… 58

02
고노스케가 구축한 필승 경리 시스템과 사업부제의 붕괴

창의적 발상으로 아수라장을 헤쳐나온 마쓰시타 고노스케 …… 65

중소기업 파나소닉을 대기업으로 키워낸 경리 시스템 ………… 68

파나소닉을 대기업으로 키워낸 두 명의 측근 ………………… 73

경리 시스템 붕괴의 시작 …………………………………… 76

상사가 엄해야 부하가 성장한다! …………………………… 78

영업을 리드하는 업무 부문으로 개혁한다! ………………… 82

사업부제의 성패는 경영자에게 달려 있다! ………………… 86

3년 안에 성과를 내지 못하면 해고다! ……………………… 90

03
'파나소닉은 사람을 만드는 회사'라는 정신을
포기한 인사 시스템

고노스케를 부정하는 대대적인 정리해고 ···············95

소니, 샤프가 부러워한 '파나소닉 다이묘(大名) 구조조정'의 진실 98

중복 사업 구조조정을 위한 구조 개혁 ···············101

사람을 만드는 인사에서 캐스팅 인사로 ···············105

좌천은 오해였다. 마쓰다 프로젝트가 시작되었다! ···············107

파벌을 만들지 말라! ···············113

'면도칼'이라 불리던 남자 ···············117

'역모'를 역이용하여 사장을 밀어낸 마쓰시타 마사하루···········119

04
파나소닉의 암흑시대

파나소닉의 암흑시대는 이렇게 시작되었다! ···············129

창업가 자제의 실력 ···············132

정반대의 리더에게 농락당하다 ···············135

인재를 키우고 싶다면 유비무환 정신을 버려라! ···············138

3대 사장 vs 4대 사장, 너무나 대조적인 두 사람 ···············141

파나소닉과 마쓰시타 연방은 전혀 다르다! ···············144

최악의 M&A를 결단한 마쓰시타 마사하루 ···············151

가전과는 인연이 없던 사장이 발탁되다! ···············154

파나소닉은 M&A로 성장했다! ·····················157

파나소닉 M&A의 법칙 ·····················160

산요전기 인수의 진실 ·····················164

05
파나소닉 V자로 부활하다

최악의 위기에 빠진 파나소닉 노스아메리카·····················171

산적한 과제들 ·····················174

파나소닉 노스아메리카의 광명 ·····················178

일본에 돌아왔으나 '자리'가 없다! ·····················182

'고노스케 신화'의 파괴자, 그 이상과 현실 ·····················184

승진→ 강등→ 승진으로 이어지는 롤러코스터 인사 ·············190

사장이 되기 전에 증명된 쓰가 가즈히로의 리더십 ·················193

카 일렉트로닉스 사업을 낳은 사노 다카미의 공적 ················196

전임자의 방침을 모두 뒤엎은 쓰가의 개혁 ·····················198

파나소닉은 반드시 V자로 부활한다! ·····················200

쓰가 가즈히로가 건넨 위로의 말 ·····················203

■ 마치며 | 205
■ 보충 자료 | 208
■ 마쓰시타 고노스케 자료 | 209

들어가며

경영에 있어 중요한 것들은 파나소닉의 역사가 가르쳐 준다.

이 책은 30년 이상 파나소닉에 근무했던 전(前) 직원이 외부가 아닌 내부의 시각에서 말하는 '파나소닉 비평'이다. 파나소닉은 2012년과 2013년 2년 연속으로 7,500억 엔(약 7조 8,000억 원-역주) 이상의 엄청난 적자를 기록했다. 그 금액은 누적액으로 1.5조 엔(약 15조 6,000억 원-역주)을 넘어섰지만 2015년에는 놀랍게도 V자로 회복하는 결과를 달성했다.

'경영의 신'이라 불리던 마쓰시타 고노스케(松下幸之助)가 일궈낸 기업이 이 정도로까지 추락했던 이유는 과연 무엇일까? 또 그 침체의 늪에서 빠져나와 기적적으로 V자 회복이 시작된 이유는 무엇일까?

나는 파나소닉의 경영 간부는 아니다. 파나소닉의 말단 조직에서 날마다 주어진 과제와 악전고투하던 일개 사원에 지나지 않았다. 하지만 나는 다른 직원과 비교해 조금 특수한 경험을 가지고 있다.

내가 입사했던 1975년은 초대 사장이었던 마쓰시타 고노스케로부터 경영권을 물려받은 창업주 2세인 마쓰시타 마사하루(松下正治)가 사장으로 재임하고 있던 시절이었다.

입사 후에는 연수를 받았던 에어컨 사업부에서 야마시타 도시히코(山下俊彦, 당시 사업부장, 이후 3대 사장으로 취임) 밑에서 근무했다. 그 후에 부서 이동과 전근도 있었지만 나의 상사는 모리시타 요이치(森下洋一), 나카무라 구니오(中村邦夫) 등과 같은 후대의 사장들이었고, 직장생활의 집대성이라고 할 수 있는 50대에는 PAS(파나소닉 오토모티브 시스템즈)의 영업본부 영업전략실에서 쓰가 가즈히로(津賀一宏, 현 사장) 밑에서 근무한 바 있다.

기이하게도, 나는 줄곧 파나소닉의 역대 사장들 밑에서 근무해 왔던 것이다. 거기에 파나소닉 계열사의 최고경영자, 임원들까지도 포함시킨다면 이루 헤아릴 수 없을 정도이다. 측근으로서 보고 있으면, 경영진들의 업무 능력, 경영 능력, 더 나아가서는 인간성까지도 손에 잡힐 듯이 알 수 있게 된다.

이 사람은 성공할 것이다.
이 사람이 진행한다면 공중분해 될 것이다.

마치 점쟁이처럼 나의 예상은 적중했다. 내가 적중시킬 정도였으니 최고경영자들 당사자가 모를 리 없다고 생각할 수도 있겠지만 그렇지는 않았고, 알 수도 없는 일이다.

이 책에서 지금부터 자세하게 서술하겠지만, 이것이 바로 '대기업 병'이라는 것이다.

'경영의 신'이라 불리던 마쓰시타 고노스케가 사망한 후 지금의 쓰가 사장에게 바통이 넘어오기까지 파나소닉이 극도의 혼란기를 겪었던 이유는 무엇이었을까? 외부에서 본다면 이상하게 생각할 수도 있겠지만 내부에서 보면 당연한 결과였다.

망하지 않고 잘도 버텼다며 이 기적과도 같은 결과에 고마움을 표하고 싶은 직원은 비단 나뿐만이 아닐 것이다.

그 원인은 어디에 있었을까? 또한, 나는 향후 파나소닉의 V자 부활을 그 누구보다도 확신하고 있는 사람이지만, 그 이유는 무엇일까? 나는 이 책에서 파나소닉에 일어났던 일들을 어느 것 하나도 숨기지 않고 밝히면서 나의 의견을 말하고자 한다.

나는 이 책의 제목으로 'V자 회복'이라는 단어를 썼는데, 파나소닉은 2015년 4~9월의 연결결산(미국 회계기준)을 발표했다(2015년 10월 29일).

순이익 1,113억 엔(전년 동기 대비 38% 증가). 영업이익은 7년만에 2,000억 엔 수준(전년 동기 대비 13% 증가)으로 회복되었다. (파나소닉의 2015년도 연간 영업이익은 4,157억 엔, 순이익은 1,933억 엔-역주)

법인 대상의 사업과 국내의 가전제품 판매가 좋은 실적을 거두었고, 항공기 내부의 오락 설비와 감시 카메라 등이 이익 증가에 지대한 공헌을 했다고 한다.

냉장고와 세탁기 같은 백색가전에서 중국과 한국의 기세가 수그러든 이유도 있지만 국내에서도, 아시아에서도 모두 상승세였다.

쓰가 사장은 '경영 체질이 개선되어 이익이 발생한 것'이라며 구조 개혁의 성과로 평가하고 있다. 나도 그렇게 생각한다.

파나소닉 연결실적
(3월 결산분)

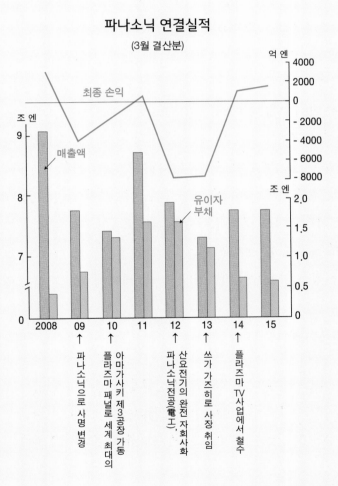

(일본경제신문 2015년 2월 10일 내용을 기준으로 작성)

쓰가 사장이 취임한 이후, 채산성이 없는 사업을 정리하고 사업 구성을 재편했다. 군살을 제거하고 근육 체질로의 전환을 추진한 결과, 2015년 4~9월에는 매출액 대비 영업이익률 5.3%(목표는 5% 이상)를 달성하여 합격점에 이르고 있다.

마쓰시타 고노스케 사장 작고 후, 일본 경제와 마찬가지로 파나소닉은 장기 침체 국면에 빠져 있었다. 특히 산요전기(三洋電機. 파나소닉 그룹의 일본 전기기계 제조사-역주)의 인수는 큰 영향을 미쳤다고 생각한다.

침체의 원인은 경영자에게 있다.

다시 말해, 제대로 된 경영자가 없었다. 하지만 파나소닉은 이제 비로소 쓰가 가즈히로라는 경영자를 대표로 맞이했다.

과감한 경영 개혁이 추진되었고 앞으로의 실적은 V자로 회복될 것이다. 아베노믹스 덕분이 아니라 파나소닉이 가진 저력과 스스로의 힘으로 부활할 것이다.

쓰가 사장은 창업자인 마쓰시타 고노스케에 대하여 다음과 같은 말을 했다.

"마쓰시타 고노스케의 경영 이념을 어떻게 계승할 것인지에 대해서 처음에는 조금 걱정했었지만 지금은 별로 걱정하지 않는다. 결국, 스스로 생각한 끝에 옳다고 판단하여 추진하고 있는 것들이 창업자가 수십 년 전에 말했거나, 이미 추진했던 것과 매우 흡사한 경우가 많았다. 오히려 그런 것들을 통해서 창업자의 활동을 다시 한 번 되돌아볼 수 있다. 그것이 가장 자연스러운 방법이라고 생각한다."

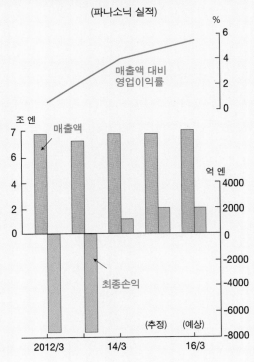

구조 개혁을 통해 7년 전 수준으로 이익 회복

(파나소닉 실적)

(일본경제신문 2015년 4월 18일)

"지금의 사업 영역에서 고객에 뿌리를 둔 활동을 지속할 수 있는 것은 창업자의 선견지명 덕분인데, 솔직히 본질을 간파하는 능력이 대단하다고 생각한다. 나 자신은 창업자의 책을 읽고 그대로 따라 하려는 생각이 없음에도 불구하고 결과적으로 그 방향으로 돌아가고 있다."

"그렇다고 해서 언제까지나 창업자가 짜 놓은 틀 속에서 벗어나지 못한다면 그것 또한 한심스러운 이야기이다. 나는 우리 자신의 경영 이념과 가치관도 다가올 시대에 뿌리를 내린 형태로 구축해야 한다고 생각한다."

길을 잃고 방황하던 파나소닉은 그 앞을 가로막고 있던 무거운 돌이 치워진 덕분에 이제 바른길을 향한 발걸음을 힘껏 내딛기 시작했다. 쓰가 가즈히로라면 기대를 저버리는 일은 없을 것이다.

이제부터 이야기하게 될 파나소닉 추락의 원인은 중소기업도 대기업도 모두 가지고 있는 부분이다. 중소기업도 조기 발견과 조기 치료를 하지 못한 채 '대기업 병'에 고통 받고 있는 경우가 적지 않다. 반대로 대기업에서는 경영진이 과감하게 방향키를 잡아 '대기업 병'을 극복한 케이스도 있다. 지금의 파나소닉이 바로 후자의 전형적인 예이다.

기업이 어떻게 하면 망하고, 어떻게 하면 부활하는가? 그에 대한 힌트는 파나소닉이 모두 가르쳐 준다.

고민하고 있는 경영자, 사업가들에게 이 책이 조금이나마 도움이 된다면 저자로서 큰 기쁨이 될 것이다. 그리고 편의상 이 책에서는 '마쓰시타전기(松下電器)'의 표기를 '파나소닉'으로 통일했다.

또한, 대단히 죄송하지만 본문에서는 존칭을 생략했다. 너그럽게 봐주길 바란다.

1

파나소닉의 본질

내가 만난 경영자들

파나소닉의 철저한 사업부제

1974년, 때는 바야흐로 파나소닉(당시 마쓰시타전기산업)의 취직 면접 당일이었다.

대학교 4학년이었던 내가 급하게 취직을 생각하기 시작했던 그 시절은 3년 전에 미국 달러와 금의 교환 정지, 소위 닉슨 쇼크가 발생했고 이어서 제4차 중동전쟁이 발발했던 때였다. 그 때문에 제1차 오일 쇼크가 일어나는 등 그때까지 구가하고 있던 고도 경제성장에 급제동이 걸리고 말았다. 학생들에게는 '빙하기'나 다름없는 시기였다.

규슈*에서 태어나고 자란 덕분에 그곳에서 한 발자국도 벗어나 본 적이 없었던 시골뜨기인 나에게 파나소닉 본사가 위치한 오사카는 휘황찬란한 대도시였다.

다행히도 나의 아버지는 내셔널**의 골수 팬이었다. 그 때문이었는지 우리 집은 파나소닉에 입사원서를 내 보면 어떻겠느냐는 분위기

※ 규슈 : 일본열도를 구성하는 네 개의 섬 중 가장 남쪽에 위치한 섬-역주
※※ 내셔널 : 마쓰시타 그룹에서 과거에 사용하던 제품 브랜드-역주

였던 것으로 기억한다.

1차 시험에 무사 합격.

그다음으로 진행된 본사 면접에서는, 거꾸로 "다른 질문 있습니까?"라는 질문을 받았다.

"마쓰시타전기는 왜 자전거를 판매하고 있습니까?"라고 물어보았다.

지금 생각해보면 거의 최종 면접이었던 것 같았다. 나에게 그 질문을 던진 사람은 인사담당 임원이었다. 자전거 사업부와 관련이라도 있었던지 그냥 보기에도 기쁨을 감출 수 없다는 표정으로 파나소닉이 자전거 사업에 진출하게 된 경위를 자세히 설명해 주었다. 이것이 어떤 효과가 있었는지는 모르겠지만 어쨌든 나는 어려운 관문을 통과할 수 있었다.

이런 과정을 거쳐 나는 1975년 파나소닉에 입사하게 되었다.

어느 회사나 마찬가지겠지만 파나소닉에서도 신입사원은 바로 사원 연수원에 들어가 한 달 동안 신입사원 연수를 받게 된다. 그것을 마치고 나면 드디어 본격적으로 각 사업부로 발령을 받는다.

사실상 당사자의 희망 따위가 반영되는 일은 없었지만 이때도 발령 면접 같은 것이 진행되었다.

"자네는 경리를 희망하고 있군."

"(문득 떠오른 생각으로) 아니오, 영업을 희망합니다."

"……."

"영업을 경험한 후에 경리 쪽 일을 하고 싶습니다."

이것이 얼마나 말도 안 되는 발언, 아니 실언인지는 그 이후에 알게 되었다. 그도 그럴 것이 파나소닉에서는 경리 직원을 순수 양성한다. 영업에서 경리로 이동하는 것은 있을 수 없는 것이다.

파나소닉은 과거에 사업부제로 운영되던 시절에도 본사 경리부에서 일괄적으로 자금을 관리하고 있었다.

사업부나 계열사의 경리는 모두 본사 경리부에서 파견된 직원이 담당했으며, 경리부원은 본사에 대한 리포트 라인이었다. 즉, 경리부 직원만큼은 사장 직속으로서 사업부의 결정에도 거부권을 가지는 등 치외법권을 행사하고 있었던 것이다.

본사가 숫자를 관리하게 되면 각 사업부의 경영을 손바닥 들여다보듯 훤히 파악할 수 있고 서로 비교 대조도 가능하다. 물론 대금회수의 진척 상황도 확인할 수 있다.

이 기반을 만든 것은 다카하시 아라타로(高橋荒太郎)였다. 고노스케가 다카하시를 영입하기 위해 아사히 건전지라는 회사를 인수했다고 말했을 정도의 인물이었다. 다카하시는 그 이후, 고노스케 시절에 부사장, 그다음 대인 마사하루 시절에 회장이 되었다.

**'25명을 제친' 사장이
창업자의 손자를 인정하지 않았던 이유**

　1975년, 3개월간의 판매 연수로 교토시 야마시나구(區)에 위치한 지쿠야전화(電化)에서 판매 지원을 하게 되었다.

　점주는 산요전기의 전 직원이었다. 처음에는 산요전기의 판매점으로서 독립했지만 그 이후에 파나소닉의 열의와 장래성에 끌렸다고 말했다.

　당시는 에어컨의 성수기였다. 하루도 빠짐없이 에어컨 설치로 활기가 넘쳤다. 고객 순회를 하면서 전기면도기를 판매하기도 했다. 그 이후에는 에어컨 사업부에서 제조 실습을 하게 되었다.

　나를 포함한 실습생들은 오사카에서 쿠사츠라는 마을까지 버스로 가게 되었는데, 차창 밖으로 보이는 풍경이 점점 시골로 변해 갔다.

　결국에는 너구리들만 살고 있을 것 같은 외진 곳에 도착했다.

　엄청난 곳에 오고야 말았다…….

　3개월 동안 쿠사츠에 위치한 기숙사에서 에어컨 사업부의 여러 부서를 경험했다. 아무튼 무겁고 단단하고 컸다. 힘든 업무뿐이었다. 몇 번이나 포기하고 싶었는지 모른다.

당시 에어컨 사업부의 책임자(사업부장으로 실질적인 사장 역할)는 야마시타 도시히코(山下俊彦, 1977년 2월~1986년 2월까지 파나소닉 사장을 역임한 3대 사장)였다.

사장으로 취임했을 당시, 26명의 임원 중 밑에서 두 번째 서열이었음에도 불구하고 사장으로 발탁된 덕분에 국가대표 체조선수*의 이름을 따서 '야마시타 점프'라고 불리던 인물이었다.

입추의 여지 없이 들어찼던 기자회견에서 고노스케를 앞에 두고 "뽑은 사람도 책임이 있다."라고 말했을 정도의 호걸이다.

되돌아 보면 그 당시의 에어컨 사업부는 정말 다양한 인재들이 가득했고, 활기 넘치는 일터였다.

본인이 말단에서부터 치고 올라온 사람이었기에 고생의 의미를 알았던 야마시타는 어디까지나 실력으로 직원을 평가했다.

"창업자의 손자라는 것만으로(제대로 된 실적을 거두지 못한 사람을) 최고경영자로 앉히는 것은 백해무익하다."

후일 그는 이렇게 발언할 만큼 사람을 오로지 실력으로만 평가했었다.

그 때문인지 야마시타가 이끄는 에어컨 사업부의 부장, 과장들은 대부분이 중졸과 고졸이었으며 고학력자는 매우 드물었다.

실력으로 올라간 사람들이 포진하고 있었던 만큼, 의지할 곳은 자기 자신밖에 없으며 스스로 앞길을 개척해 나간다는 프런티어 정신이 회사 내에서도 가장 강하게 뿌리 박혀 있었던 것으로 기억된다. 야마시타는 이 기업 풍토를 파나소닉에 정착시키기 위해 노력했었고, "사업은 사람에 달려 있다."라는 신념을 실천한 경영자이기도 했다.

에어컨 사업을 발전시키기 위해서 어느 인재를 어디에 배치할 것인가, 새로운 사업에 필요한 인재를 어떻게 확보할 것인가에 대하여 항상 고민을 거듭했다.

그 구체적인 사례가 자동차 에어컨 사업이 새롭게 발족되었을 때 영업 리더였던 시바 히로하루, 슈즈이 다케오를 본부에서 영입했던 것이 아니었을까? 매년 입사하는 신입사원 중에서도 우수한 인재들은 전부 에어컨 사업부로 끌어오기도 했었다.

장기 침체를 초래한 파벌 싸움

야마시타는 사람에 대하여 뜨거운 열정을 가지고 있었지만 신기하게도 파벌을 만드는 일이 없었다.

그것은 반대로 파벌을 만드는 경영자가 많다는 것을 말해주는 것이기도 하다. 이것은 비단 파나소닉에만 국한된 문제가 아니라 어느 회사나 마찬가지이다. 중소기업에도 적지 않다. 세 명이 모이기만 해도 파벌은 생긴다.

사람은 모이고 싶어하는 성향이 있기 때문에 특정한 인재들이 모이게 되면 그것이 그대로 파벌이 된다. 중심적인 인물이 보스가 되어서 그 속에서 권력을 잡게 되면 조직은 조금씩, 하지만 확실하게 좀먹게 되고 외부에 대한 경쟁력을 잃게 된다. 파벌이란 내부의 정치이기 때문이다. 이 폐해는 치명적이기까지 하다. 쓰가 사장이 취임하기 전까지 파나소닉이 장기 침체에 빠져 있던 진짜 원인은 어쩌면 이것이었을 지도 모른다.

"도미는 머리부터 썩는다.*" 라는 말처럼, 예스맨에게 둘러싸인 경

※ 도미는 머리부터 썩는다 : 조직의 부패는 위에서 먼저 시작되어 아래로 퍼진다는 의미의 속담-역주

영자는 '벌거벗은 임금님'이다. 조직의 상황은 순식간에 나빠지고 만다.

진정한 정보(자칫하면 치명적일 수 있는)가 들어오지 않고 듣기 좋은 정보만이 들어오게 된다. 그리고 위기가 닥쳐도 적절히 대응할 수 없게 된다. 아니, 위기를 느끼는 안테나가 이미 녹슬어 버려서 아무런 도움이 되지 않는다. 사장파와 회장파로 나뉘어 다투는 사이에 경쟁사에 추월당하고 실적이 곤두박질치는 기업은 이 세상에 수도 없이 많다.

야마시타는 그런 어리석은 경영자들을 수없이 보아 왔을지도 모른다. 결벽증이 있었던 야마시타는 그렇게는 되고 싶지 않다며 진저리를 쳤을 것이다.

술을 잘 마시고 좋아하기도 했지만 특정한 사람들과 술자리를 가지는 일도 없었다. 의식적으로 피했었던 것 같은데, 노력을 했다기보다는 타고난 기질인 듯했다.

업무에 있어서도 냉정함을 추구했다. 부하에게는 간결하고 명료한 일처리를 요구했다. 보고서는 한 장, 아무리 길어도 두 장을 넘어설 수 없었다. 그 분량을 넘기면 읽지 않았다. 보고는 5분 이내, 이야기가 그보다 길어지면 듣지 않았다.

퇴근은 매일 오후 5시. 간부들은 결재를 받기 위해 오후 4시에는 야마시타의 집무실 앞에 줄을 서 있을 정도였다.

그런 상황 속에서도 공장은 자주 돌아보았다. 현장, 현물, 현실을 중시하는 사람이었기에 탁상공론은 극도로 싫어했다.

이런 그의 성향은 사장에 취임하고 나서도 마찬가지였다. 인간의 기질은 변하지 않는다. 화려한 것, 요란한 것, 과장된 것을 거부했다.

도요타나 마쓰다 같은 고객사를 방문할 때도 그는 비서를 대동하지 않았으며 마중도 거절했다. 이런 점에 있어서는 매우 철저한 사람이었다.

하지만 일반적으로는 그렇지 않은 경우가 대부분이다. 실제로 야마시타의 후임인 타니이 아키오(谷井昭雄)나 창업자의 손자이며 부사장인 마쓰시타 마사유키(松下正幸, 현재 부회장)도 그들의 재임 시절에 영접, 수행 등의 의전이 매우 까다로웠던 것으로 기억한다.

또한, 야마시타는 인재 육성의 달인이어서 야마시타의 가르침을 받은 수많은 인재가 파나소닉을 짊어지게 되었다.

하지만 인재뿐만이 아니라 '인죄*'도 배출했다. 좋은 의미와 나쁜 의미 모두에서 '야마시타 학교'의 설립자라고 할 수 있을 것이다.

가령 야마시타 학교의 졸업생이라고 할 수 있는 인재는 다음과 같은 사람들이다.

※ 인죄(人罪) : 능력이 부족하고 앞으로도 기대하기 힘든 사람-역주

- 다하라 히사오 부사장
- 사쿠마 쇼지 부사장(WOWOW* 사장, 회장)
- 모리시타 요이치 사장
- 이토 스케지 상무
- 스기야마 가즈히코 부사장
- 무라야마 아츠시 부사장
- 쇼토쿠 유키오 부사장
- 슈즈이 다케오 상무(빅터 사장)
- 고베 다케노리 상무
- 가와베 도미오 이사
- 요시다 가즈마사 이사
- 미야모토 이쿠오 상무
- 모리 다카히로 부사장
- 도다 가즈오 부사장

　흥미로운 것은 이 야마시타 학교의 졸업생들도 파벌을 만들지 않았다는 점이다.
　야마시타의 가르침이 바로 자신의 길을 자신이 개척한다는 프런티어 정신이었기 때문인지도 모른다. 모두 하나같이 무리 짓는 일이 없었다.

─────
※ WOWOW : 일본의 위성방송 사업자-역주

　　　　　　　　　　　　　　　　　　파나소닉 V자 회복의 진실

야마시타는 의도를 가지고 이들 멤버를 끌어 올리지는 않았다. 발탁된 사람이 각자 자신의 역할을 다하기 위해 노력하고 스스로의 길을 열어 갔을 것이다.

파나소닉을 짊어진 야마시타 이후의 경영자들은 좋고 나쁘고를 떠나서 각 시대가 요청한 리더였다고 생각한다.

신상필벌과 패자부활의 균형

야마시타의 뒤를 이은 에어컨 사업부의 책임자는 다하라 히사오 (田原久雄, 이후 부사장으로 취임)였다.

인사부 출신임에도 불구하고 야마시타의 후임 사업부장으로 발탁된 것이다. 이런 부분이 야마시타의 정확한 판단력을 보여준다고 생각한다. 얽매이지도 치우치지도 구애받지도 않고 오로지 실력만 보고 사람을 평가한다.

하지만 불행하게도 다하라가 에어컨 사업부의 수장이었던 동안 계속해서 여름 기온이 높지 않았다. 그 바람에 그는 결국 몇 년 가지 못하고 경질되고 말았다. 운이 나빴던 것이다. 하지만 고노스케는 언제나 '운도 실력'이라고 생각했었기 때문에 변명거리는 될 수 없었다.

야마시타는 철저한 실력주의자였으며 신상필벌이 확실했다. 다하라는 그 이후에 연수원 원장이 되어 자신의 불운을 한탄하게 되었다.

하지만 지금도 파나소닉이 대단하다고 생각하는 부분은 한 번 경질한 인재라고 하더라도 그대로 버려두지 않는다는 점이다. 다하라가 인사담당 이사에 발탁된 것이다. 게다가 최종적으로는 부사장까지 올라가게 된다.

다하라는 청렴결백하고 신사적인 분위기의 포용력 있는 사람이었다. 그 점에서는 자신의 주력 분야에서 운을 끌어들였다고 할 수 있지 않을까.

덥지 않은 여름 때문에 곤경에 빠졌던 에어컨 사업부를 구해낸 것은 후임인 요시다 가즈마사(吉田和正, 이후 이사로 취임)였다.

고생도 많이 했고 보스 기질에 인정이 넘치는 사람이었기에 신입사원부터 부장급에 이르는 직원들에게까지 매우 인기가 많았다.

요시다 시절에 에어컨 사업부는 수익성을 향상시켜 나갔다.

하지만 조직에서 아랫사람에게 잘하고 윗사람에게 아첨하지 않는 성격은 손해를 보기 마련이다. 야마시타는 이런 성격의 인재를 좋아했지만, 보통은 대하기 거북하다는 이유로 멀리하는 경우가 많다. 즉, 파나소닉 본사 윗사람들은 그를 좋아하지 않았다. 그 때문에 안타깝게도 이사에 머무르고 말았던 것 같다.

간부들뿐만이 아니라 내가 젊었을 때의 동료들 또한 열정적인 타입의 사람이 많았다.

당시에 에어컨 사업부가 위치했던 쿠사츠 공장 주변에는 술집이 없었기 때문에 업무가 끝나면 기숙사의 각 방에 모여서 술자리와 토론 대회가 열리곤 했다. 인재는 이렇게 활기 넘치고 도전적인 환경 속에서 커나가는 것이라고 생각한다.

강하게 요구할 수 있는 리더
전설의 사업부장

입사 1년 후인 1976년, 1년간의 연수가 끝난 4월에 시바 히로하루 사업부장(자동차 에어컨 사업부)과의 면접이 있었다. 그는 매우 풍채가 좋은 사람이었다.

그는 일찍이 에어컨 영업의 전설로 불리던 사람이다. 아타미*의 호텔에 에어컨을 들춰 업고 팔러 갈 정도였다고 하니 호걸이 아닐 수 없다.

"우리들은 꽃의 28기수라고 해서 콧대가 아주 높았지. 쇼와 28년 (1953년)의 입사자들은 알짜배기 인재들만 모였다고 했었으니까. 입사 1년째 되던 해에 나를 포함해 신입사원 일곱 명이 고노스케 사장에게 불려가게 되었어.

TV에서나 만날 수 있는 분이었기에 우리는 꽤나 들떠 있었던 모양이야. 고노스케 사장에게 '우리 회사의 경영 이념은 이상하다,

---

※ 아타미(熱海) : 일본 시즈오카 현에 위치한 온천 · 관광도시-역주

기업의 목적은 이익 추구이지 사회 공헌이 아니다'라고 이의를 제기하기 위해서 나름대로 면밀한 작전을 세우고는 호기롭게 들어갔어.

외워 갔던 대사를 줄줄 읊어 대자 고노스케 사장은 기쁜 듯한 표정을 지었지. 비서를 불러서 '오늘 일정을 모두 취소해 주게.' 하고는 우리 이야기를 진지하게 들어 주었어.

처음 얼마 동안은 고개를 끄덕이면서 듣고 있었지만, 조금씩 '자네는 이것에 대해서 어떻게 생각하나?', '그 이유는 뭐지?' 등 연이은 질문 공세를 퍼붓기 시작했어. 우리는 쩔쩔매면서 어느새 완전히 설득당했고, 마지막에는 모두가 넙죽 엎드리고 말았지."

이렇게 밝고 활기차고 언제나 일만을 생각했던 사업부장 아래로 들어가게 되었다.

당시, 에어컨 사업부는 야마시타 대장 휘하에서 파죽지세로 성장하고 있었다. 에어컨은 설치 공사가 번거로울 뿐 아니라 수요 자체도 그다지 많지 않았기 때문에 가전제품 판매회사들은 에어컨 취급에 소극적이었다. 따라서 주택설비 판매회사를 경유해서 판매점에 납품하고 있던 상황이었다.

그런 배경이 있었기 때문에 에어컨 그룹은 다른 가전제품 집단에 대해서 강한 대항 의식을 가지고 있었던 것 같다. 도전 의식도 왕성했다.

야마시타는 에어컨 사업부의 일부였던 자동차 에어컨 사업을 새로운 사업 분야로서 부에서 사업부로 승격시켰다.

사업부가 사업부를 낳는 것, 이것이 파나소닉의 힘의 원천이라고 생각한다.

이 시바라는 이름의 사업부장은 일 귀신이라고 해서 회사 내에서도 두려움의 대상이었다. 하나부터 열까지 현장을 부르짖던 사람이었다.

다른 사업부에서는 영업소에서 판매 대책 회의를 하고 나면 그것으로 끝이었지만 시바는 그 정도로 끝내는 일이 없었다. 탁상공론이나 정책 따위는 전혀 신용하지 않는 사람이었다.

"영업사원을 데리고 판매회사로 가라! 판매회사의 영업사원을 데리고 판매점으로 가라!"

판매를 위한 대책은 현장에 있다는 것이 그의 지론이었다. 사건은 회의실에서 일어나지 않는다. 반드시 현장에서 일어나기 마련이다.

매주 월요일에 열렸던 영업 회의는 누구나 지옥 같다고 느꼈을 것이다. 시바 자신이 직접 영업사원을 한 명 한 명 철저하게 추궁했기 때문이다. 영업 담당들은 횡설수설하며 점점 궁지에 몰렸다. 아무런 대책도 세우지 않은 영업사원에게 이 회의만큼 무서운 것은 없었을 것이다.

진지하게 대책을 고민한다.

영업 대책을 세우고 완성시킨다.

목숨을 걸고 임한다.

이런 자세로 임하지 않으면 사업부장(일반 회사로 친다면 사장이다)이 용서하지 않았다. 매주 시바에게 엄청난 강도의 훈련을 받는 셈이었다. 하지만 이 덕분에 부하 직원을 철저하게 추궁하는 것이 얼마나 중요한지에 대해서 배울 수 있었다고 생각한다.

고노스케 사장은 강하게 요구할 수 없는 리더는 떠나라고 곧잘 말하곤 했다.

사장은 임원에게 강하게 요구하고, 임원은 부장에게, 부장은 과장에게, 과장은 계장에게, 계장은 주임에게, 주임은 사원에게 각각 강하게 요구한다.

그렇다면 사장에게는 누가 강하게 요구할 것인가? 그것은 주주이며 고객이다.

"파나소닉뿐 아니라 성공하는 조직에는 반드시 강하게 요구하는 리더가 있다."라는 것이 고노스케 사장의 지론이었다.

자동차 에어컨 사업부의 영업 회의에서는 사업부장이 직접 직원 한 사람 한 사람에게 요구했으니 직원들이 단련되지 않을 수가 없었다. 실적이 가파르게 성장했다. 세계적으로 자동차가 급속하게 보급된 것만이 급성장의 이유는 아니었다. 전 세계로 뻗어가고자 하는 열의와 그것을 위한 영업 대책이 좋은 결과를 가져온 것이라고 생각한다.

파나소닉의 엘리트들

발령 첫날, 자동차 에어컨 사업부의 영업부를 찾아가 보니 사무실에는 영업사원이 단 한 명도 보이지 않았다.

다음 날 아침 과장은 입을 열자마자 "자네는 교토와 고베를 담당하도록. N군으로부터 인수인계를 받게."라고 말했을 뿐이었다. 자세한 설명은 전혀 없었다.

나의 사회생활 최초의 선생님이 N이라는 선배였다는 것은 아무리 생각해도 너무나 큰 행운이었다.

자식은 부모를 고를 수 없다. 마찬가지로 부하 직원도 상사를 고를 수 없다. 고를 수 없기 때문에 운에 맡길 수밖에 없는 것이다. 나쁜 상사는 반면교사(反面教師)로, 훌륭한 상사는 자신의 본보기로 삼아야 하겠지만 사실 말이 쉽지 행동은 어렵다.

부하를 망치는 무능한 상사는 발에 치일 정도로 많은 반면, 업무의 기초부터 핵심까지 지도해 주는 상사는 좀처럼 만나기 힘든 법이다.

하지만 N은 무엇이 옳은지, 어떻게 해야 하는지에 대하여 논리적인 생각을 가진 선배였다. 지금 생각해 보면 당시의 자동차 에어컨 사업부의 영업부대는 파나소닉 안에서도 최강의 팀으로 인정받고 있었다.

그 선봉장은 슈즈이 다케오(守随武雄, 이후에 빅터 사장으로 취임) 과장이었다. 슈즈이는 영업본부 안에서도 장래가 보장되어 있었던 엘리트 중의 엘리트였다. 그러한 슈즈이를 야마시타가 에어컨 사업부로 끌어 와서 자동차 에어컨 사업을 맡긴 것이다.

인간적으로도 매우 훌륭한 사람이었다. 그릇이 크고 포용력이 있었다. 고객을 포함한 모든 사람에게 인기가 있었다.

결코, 거만하게 행동하지 않았으며 권력으로 사람을 움직이려고도 하지 않았다. 윗사람이나 아랫사람 모두 신중하게 대하는 사람이었다. 이런 사람은 좀처럼 만나기 힘들다. 어쩌면 처음이자 마지막이었는지도 모른다.

가령 부하 직원들이 휴일을 반납하고 영업을 돌고 있는 경우에는 부인과 함께 부하 직원의 집을 일일이 방문하여 선물을 할 정도로 배려심이 넘치는 사람이었다. 후에 이토 스케지(伊藤輔二 : 이후에 상무로 취임)가 마쓰다(일본의 자동차회사-역주)를 대상으로 한 사업을 구상하게 되는데, 구체적으로 결실을 맺은 사람이 바로 슈즈이였다.

슈즈이는 마쓰다 비즈니스를 성공으로 이끈 후에 타이완 파나소닉의 사장을 거쳐 본사의 임원이 되었고, 그 이후에 모리시타 사장 시절에 빅터*사장으로 발탁되었다. 일본 경제가 불황에 허덕이던

※ 빅터 : 현 JVC, 영상·음향기기 전문 전자회사로 1953년부터 2007년까지 마쓰시타 그룹(현 파나소닉 그룹)의 계열사였음-역주

1990년대에 빅터를 잘 지켜냈다고 생각한다.

슈즈이는 당시 주고쿠*특수기계 영업소장이었던 모리시타 요이치(森下洋一, 이후 5대 사장으로 취임)와 함께 마쓰다 비즈니스에서 큰 사업을 일궈 내었다. 이 두 사람은 맹우(盟友)라고 할 수 있을 것이다.

나는 이후에 슈즈이 부문에서 모리시타 부문으로 이동하여 이토-야마시타 라인에서 추진하는 사업의 영업 담당으로 부임하게 되었다. 매우 힘든 역할이었다. 그 때문에 모리시타가 언제나 나에게 보고를 요구했던 것은 당연한 일이었다.

당시의 자동차 에어컨 사업부의 영업은 젊은 피가 주축이 되어 있었다.

그 중심에 있던 것이 모리 다카히로(森孝博, 이후 부사장으로 취임)와 N과 H였다. 모리는 야마시타, 시바, 슈즈이의 가르침을 받은 사람이었다. 특히 인간적인 매력이 넘치는 슈즈이와 비슷한 분위기를 풍겼던 것으로 기억한다. 그릇이 크고 사람을 움직이는 힘을 가지고 있었다.

자연스럽게 사람을 끌어들이는 매력의 소유자였는데, 실제로 그의 주변에는 언제나 사람들이 가득했다. 사람을 적으로 돌리지 않는 능력이 뛰어났다.

———

※ 주고쿠(中国) : 일본열도 중에서 가장 큰 섬인 혼슈의 서쪽 끝에 위치하는 지방-역주

파나소닉 V자 회복의 진실

모리는 에어컨 사업부에서 영업차장으로 근무한 후에 사장 비서로 승진했다. 그는 타니이 아키오(4대 사장. 1986년 2월~1993년 2월) - 모리시타 요이치(5대 사장. 1993년 2월~2000년 6월) 시절에 연이어 사장 비서로 근무했고, 그 이후에도 숨은 공로자로서의 역할을 다하며 나카무라 구니오(6대 사장. 2000년 6월~2006년 6월), 오오츠보 후미오(7대 사장. 2006년 6월~2012년 6월) 체제를 지탱했다.

모리는 모리시타, 나카무라가 경영 쇄신을 추진했을 당시, 여러 분야에 걸쳐서 조정하는 역할을 담당했다. 어떤 의미에서는 파나소닉의 부활을 위해 명품 조연의 역할을 철저하게 수행했다고 할 수 있을 것이다.

쓰가(현재의 사장)가 상무로 재직하고 있던 시절에 "다음 사장은 누가 될까?"하고 모리에게 질문을 던진 적이 있었다.

"쓰가 씨가 될 거라고 생각해."라며 바로 대답하는 것을 듣고 놀란 적이 있었다.

한치의 망설임도 없었던 그의 반응을 보고 그 관찰력에 감탄했었던 기억이 있다.

20년이라는 긴 시간을 돌아 야마시타 체제에서 쓰가 체제로 바통이 넘어갔다. 그 중요한 역할을 모리가 담당했던 것이다.

사업부가 사업부를 만든다!

그런 정예 영업팀 안에서 나는 교토와 고베를 담당하게 되었다. 첫날부터 혼자서 갔다.

그 당시 나의 기분은 마치 〈처음 가는 심부름〉*과도 같았다. 그 이후에도 내가 담당하는 지역에 과장이 동행했던 적은 없었다. 과장의 부하 직원들은 당시 네 명이었다. 단지 네 명뿐이었지만 과장이 출장을 가는 바람에 담당자 두 명만이 자리를 지키고 있었다. 나는 입사를 하자마자 과장에게 미움을 사게 된 것은 아닌가 하고 오해를 했을 정도였다.

그러나 파나소닉에서는 신입사원이라고 하더라도 한계점까지 혼자서 부딪혀 보게 하는 '맡기되 맡기지 않는다.'라는 정신으로 인재를 육성해 왔던 것이었다.

나는 그 당시에 그 사실을 잘 몰랐기 때문에 '왜 입사하자마자 미움을 사게 되었을까?'라고 고민하며 '처음 가는 심부름' 길에 올랐다.

※ 처음 가는 심부름 : 난생 처음으로 심부름에 도전하는 아이들의 모습을 담은 일본의 인기 TV 프로그램-역주

혼자서 가는 심부름이란, 곧 판매 영업을 하러 간다는 의미였다.

가장 먼저 갔던 곳은 교토였다. 교토 영업소의 K과장은 타 회사에서 경력 직원으로 입사한 실력파였다. 피부가 검고 예리한 사람이었다.

"자네는 영업사원으로 자격이 없어. 눈을 똑바로 보고 말해!"라며 다짜고짜 호통을 쳤다. 출장 첫날을 맞이한 신입사원이 당황하고 기가 죽어 있는 것을 이해해 줄 법도 한데 말이다.

하지만 이 K가 나를 제대로 키워 주었다. 교토의 판매점을 돌아보고 여러 의견을 물어 왔다. K는 아무리 늦은 시간이라고 할지라도 퇴근하지 않고 내가 영업소로 돌아올 때까지 기다려 주었다. 야식을 먹으며 밤 10시 가까운 시간까지 보고를 받았다. 그리고 차로 기숙사에 바래다주기까지 했다. 지금 생각해 보아도 과장이 일개 신입사원을 그 정도로 챙겨 주었다는 것은 정말 믿기 힘든 일이다. 내가 과장이었을 때에도 신입사원에게 그렇게까지 하지는 않았다. 이전에도 이후에도 없었고 오직 그때뿐이었다.

당시 파나소닉에서는 자위대 출신의 경력직 영업사원도 다수 근무하고 있었다. 그들은 공채로 입사한 직원들과 비교하여 어떤 차별도 받지 않았다. 대우도 공평했다.

이렇게 당시의 파나소닉에는 다양한 개성을 가진 사람들이 근무한다는 분위기가 존재했다.

운 좋게도 나는 이제 막 설립된 자동차 에어컨 사업부에서 인재 육성에 열의를 가진 상사와 함께 사회생활을 시작할 수 있었다.

자동차 에어컨 사업부처럼 사업부에서 새롭게 파생된 신규 사업부로 컴프레서 사업부와 녹음기 사업부가 있었다.

먼저 라디오 사업부에서 녹음기부가 스핀아웃*되었다. 그리고 녹음기부가 독립 사업체로 성공하여 홀로서기를 할 수 있다고 판단되자 녹음기 사업부로 승격되었다.

이와 같이 파나소닉은 사업부 안에서 새로운 사업의 소재를 발굴하고, 육성하여 일정 수준으로 성장하면 별도의 독립된 사업체로 분리시킨다.

신규 사업은 먼저 부(部)에서 시작하여 사업 가능성이 엿보이게 되면 사업부로 독립시키는 것이다. 이러한 시스템을 통해 사업 분야를 점차적으로 확대해 나가는 것이 파나소닉의 승리 방정식이라고 생각한다.

따라서 에어컨 사업부와 자동차 에어컨 사업부는 부모와 자식 간의 관계였다. 총무나 인사 등의 지원 부서는 이 두 사업부를 에어컨 그룹으로 함께 관리했다. 하지만 사업부로서 성과를 내지 못한다면 수년 안에 인정사정없이 해체되고 사업부장과 경리 책임자는 좌천되고 만다(당시 경리 책임자는 사업 경영의 책임을 함께 지고 있었다. 타 회사에서는 있을 수 없는 경리 시스템이다).

———

※ 스핀아웃(spinout) : 업무를 분리하여 독립한 별개의 회사로 경영하는 것-역주

파나소닉 V자 회복의 진실

안타깝게도 내가 일하고 있던 당시의 자동차 에어컨 사업부는 제대로 된 성과를 거두지 못했다.

야마시타가 만든 자동차 에어컨 사업부와 컴프레서 사업부는 대조적인 결과를 거두었다.

자동차 에어컨 사업부는 성과를 내지 못했지만 컴프레서 사업부는 훌륭한 성과를 거두게 된 것이다.

컴프레서 사업부 출신은 이토 스케지(伊藤輔二, 이후 상무로 승진)와 스기야마 가즈히코(杉山一彦, 이후 부사장으로 승진), 무라야마 아츠시(村山敦, 이후 부사장으로 승진), 그리고 미야모토 이쿠오(宮本郁夫, 이후 상무로 승진) 등이었는데, 멤버의 거의 대부분이 최고 간부가 되었다.

이 컴프레서 사업부에 사업부장으로 부임해 온 사람이 이토였다. 부임하자마자 '전 사원의 경영 참가'를 주창하며 전원 100건 제안 운동을 매월 실시했다. 여기에서 말하는 제안이란 구체적으로 공장의 작업 공정을 개선하는 방법 등에 대한 제안을 말하는데, 한 달에 100건의 제안을 모두 함께 힘을 모아 달성하자는 운동이었다.

터무니없는 발표였지만 모두 열의를 가지고 달려 들었다. 그렇게 될 수 있었던 원동력은 '에어컨에게 질 수 없다!'라는 각오였을 것이다.

파나소닉에는 야마시타가 만들어 낸 기업 풍토 이외에도 서로가 절차탁마(切磋琢磨)하여 서로 경쟁하는 풍토가 있다. 옆 부서에게는 절대로 지면 안 된다는 경쟁 의식이 매우 강했다.

이토는 큰 규모의 업무를 추진할 수 있는 인물이었다. 정치적인 측면에서도 종횡무진으로 움직였다.

먼저 컴프레서의 북미 시장 진출을 노렸다. 컴프레서 업계 세계 1위를 목표로 하고 가장 먼저 북미 공장 건설에 착수한 것이다.

또한, 당시 스미토모은행[*]과의 두터운 관계를 이용하여 아직 경험이 부족했던 히터 사업을 마쓰다자동차를 대상으로 추진해 성공을 거두었다.

당시 마쓰다자동차의 사장은 스미토모은행에서 파견된 히구치 히로타로(樋口廣太郎, 이후 아사히맥주 사장으로 취임)였다. 경영권이 스미토모의 관할하에 있었던 것이다.

마쓰다의 히터 사업은 줄곧 덴소(일본의 자동차 부품 제조사-역주)의 과점 상태였는데, 여기에 새 바람을 불어 넣은 것이 바로 이토와 슈즈이였다. 물론 마쓰다자동차 쪽에서도 덴소에 전적으로 의존하고 있는 체질을 바꾸려고 하는 의도가 있었겠지만, 그렇다고 해도 히터라는 큰 사업을 아무런 경험도 없는 파나소닉에게 맡긴다는 것은 상식적으로는 있을 수 없는 일이었다.

있을 수 없는 일을 실현시키는 이토와 슈즈이의 책략가로서의 역량, 리더로서의 기량이 얼마나 대단했는지에 대해서 알 수 있는 사건이었다고 할 수 있다.

───

※ 스미토모은행 : 스미토모는 미쓰이, 미쓰비시와 함께 일본의 3대 재벌 그룹. 스미토모은행은 스미토모 그룹의 핵심 계열사였으며, 2001년 사쿠라 은행과 합병했다.-역주

파나소닉 V자 회복의 진실

소니도 파나소닉도 애플에게 패했다!

　이토가 컴프레서 사업의 기반을 다진 후에 두 번째 사업부장으로 부임한 사람은 스기야마 가즈히코였다. 생산기술 출신의 엘리트였던 그는 45세의 젊은 나이로 사업부장에 발탁되었다. 그 당시에 파나소닉은 실적을 무엇보다도 중요시했기 때문에 이와 같은 케이스는 빈번하게 발생했다.

　스기야마도 컴프레서 사업을 무난하게 해낸 후에 생산기술 본부장으로서 본사로 돌아가게 된다. 그리고 최종적으로는 부사장으로서 모리시타 체제를 보좌했다.

　스기야마가 사업부장으로 재직하고 있던 시절에 무라야마가 공장장으로 부임해 왔다. 인사 출신 공장장이라는 이색적인 이력의 소유자였다. 머리가 매우 좋았을 뿐 아니라 실행력도 있었다. 도저히 인사 출신이라고는 생각할 수 없을 정도로 파격적인 남자였다.

　스기야마의 후임은 무라야마일 것이라고 우리 모두가 예상했었다. 하지만 예상과는 달리 미국 공장의 준공 시기와 맞물려 스기야마는 그쪽의 경영을 담당하게 되었고, 귀국 후에 파나소닉 본사의 인사 책임자가 되어 부사장의 자리에까지 올라갔다.

무라야마는 뭐니뭐니해도 나카무라 개혁을 도맡아서 추진했던 실질적인 중심 인물이었다. 하지만 그가 사내의 실권을 잡은 덕분에 파나소닉의 경영 기획은 무라야마의 입김이 강해지게 되었다. 즉, 인사의 힘이 확대되는 계기가 되어버린 것이다.

당시의 파나소닉은 계속적으로 사업부를 신설하는 동시에 과감하게 정리해 나갔다. 사업의 스크랩 앤 빌드*를 실시했던 것이다.

물론, 어떤 조직에도 원활한 신진대사는 필요하다. 전통에 안주하여 뒷짐만 지고 있다가는 살아남지 못한다. 새로운 것에 도전하고 때로는 전통을 파괴해야 하는 경우도 있을 것이다.

그러나 그것이 창조적 파괴라면 문제될 것이 없겠지만, 단지 낡았다는 이유만으로 도쿠가와 막부 체제처럼 '오이에 오토리츠부시'**를 자행하는 것은 바람직하지 못하다.

파나소닉의 전통 사업 분야를 꼽으라면 건전지 사업을 들 수 있다. 건전지가 라이트나 전기 기구에 사용된다는 것은 누구나 아는 사실이지만, 낚시찌에 작고 얇은 건전지를 넣어 밤낚시를 즐길 수도 있다. 길이가 긴 건전지, 납작하고 넓은 건전지, 휴대전화용 전지도 있다. 즉, 기술은 낡았어도(전통적이라고 해도) 창의적인 아이디어로 용도를 개발해 나간다면 새로운 사업 분야는 얼마든지 개척

※ 스크랩 앤 빌드(scrap and build) : 비능률적인 설비를 폐기하고 고능률의 신설비로 대체하는 것-역주
※※ 오이에 오토리츠부시(お家おとりつぶし) : 에도 시대에 무사의 신분을 박탈하고 재산을 몰수했던 벌-역주

할 수 있다.

사업부의 평가 기준은 뭐니뭐니해도 이익률이다.

당시에는 10%의 이익을 거두지 못하면 평가에서 A를 받지 못할 정도였다. 적자 혹은 5% 이하의 이익률은 '전망 없음'이라고 해서 따로 관리 대상이 되었다. 철저하게 신상필벌이 이루어졌다.

지금은 5%라도 충분히 합격점을 받을 수 있으니 시대가 많이 변했다. 그만큼 중국과 한국 등 신흥국가의 추격이 맹렬하다는 의미일 것이다.

일본은 가격으로 경쟁하는 시대는 이미 졸업했다. 일본 기업들은 비싸더라도 살 수밖에 없는 부가가치로 승부하는 시대에서 경쟁하고 있다. 좋은 제품을 만들어 내도 바로 비슷한 제품이 출시된다. 지금은 압도적인 기술 개발, 혹은 부가가치 창출이 필수인 시대인 것이다.

생각해 보면 애플의 iPhone이나 iPad에는 새로운 기술이 없다. 하지만 전 세계적으로 폭발적인 인기를 모았다.

그 이유는 디자인에 있었다. 심플하고 스마트하며 쿨하다. 실로 세련된 디자인이라고 할 수 있다. 제품력은 파나소닉의 기술로도 충분히 개발할 수 있는 수준이었다. 하지만 그 세련된 감각은 스티브 잡스가 아니었다면 끌어낼 수 없었을 것이다. 파나소닉도, 워크맨이라는 아이템으로 한 시대를 풍미했던 소니도 '기획력'에서 패배했다고 생각한다. '시대를 읽는 센스'에서 애플을 이기지 못했던 것이다.

'심각하게 생각하지 않는' 파나소닉의 DNA

자동차 에어컨 사업부의 실적은 좋지 못했다.

가장 큰 이유를 꼽으라고 한다면 시대가 예상보다도 더 빨리 변해 버렸다는 것을 들 수 있을 것이다. 우수한 사업부장과 영업 책임자, 그리고 열심히 노력한 직원들. 그 어느 누구에게도 잘못은 없었다. 다만, 시대의 흐름을 타지 못했던 것뿐이다.

당시 자동차 에어컨 시장은 차에 표준 장착되는 순정 제품 시장과 소비자가 자동차 용품점 등에서 구매하는 시판 제품 시장으로 나뉘어 있었다.

순정 제품 1위는 덴소였고, 시판 제품 1위는 산덴이었다.

이 시장에 새롭게 진입한 자동차 에어컨 사업부는 시판 제품 시장에서 최대한 빨리 산덴을 따라잡고 그 실적을 바탕으로 덴소가 주도하는 순정 제품 시장에 뛰어들자는 작전을 세웠다.

하지만 시대의 흐름으로 인하여 그 계획은 무산되어 버렸다. 자동차 에어컨은 더 이상 특별한 옵션이 아니라 차에 기본으로 장착되어 나오는 부품이 된 것이다.

이것은 시판 시장의 급속한 축소를 초래했다. 시판 시장의 규모는 점점 줄어들었고 그에 따라서 업체 간의 가격 경쟁이 갈수록 격화되었다. 시판 시장의 파이는 작았고, 시간의 흐름과 함께 점점 더 작아질 뿐이었다. 그 안에서 점유율 경쟁을 해 봤자 미래는 암울했다.

그런 가혹한 상황이 바로 눈앞에 닥쳐 버린 그때, 나는 이 새로운 사업부에 발령을 받게 되었다.

> **지는 싸움이라는 것을 알고 있을지라도 최선을 다한다.**
> **한 치 앞은 암흑일 수도 있지만 광명이 비출 수도 있다.**

승부는 그때의 운에 달려 있다며 달관하기보다는 최대한 발버둥 쳐서 현실을 조금이라도 바꾸고자 하는 의지. 신입사원이었던 내 마음속에는 그런 마음가짐보다도 일단 할 수밖에 없다는 의무감이 가득 차 있었던 것 같다.

우선은 판매망을 확보해야 했다. 이것이 없으면 아무것도 시작할 수 없었다.

자, 어떻게 할 것인가?

일반 점주들이 경영하는 내셔널 숍*에서는 자동차 에어컨을 취급

할 수 없기 때문에 당연히 특수기계 부문, 즉 가전제품 이외의 판매 영업소를 경유할 수밖에 없다. 그렇다면 배터리를 취급하는 판매 회사나 대리점에게 납품하는 방법이 있지만, 이 배터리 판매점의 거의 대부분이 덴소의 산하에 있었다. 자동차 에어컨 판매는 앞날이 깜깜했다. 곤란하다는 말보다는 무리라는 말이 어울렸다.

하지만 '그렇게 우수하지 않더라도 열심히 궁리하면 해결책은 나오게 마련'이라고 생각하는 것이 고노스케의 DNA였다. 파나소닉의 억척스러운 특징이자 장기이기도 하다.

"완전히 새로운 판매 루트를 개발하는 것이 영업이 할 일이다!"
머리로는 이해할 수 있었지만 동시에 가장 어려운 일이었다.
그러나 이것을 어렵다고 생각하기보다 '일단 어떻게든 노력해 보자'로 마음가짐을 바꾸는 것이 파나소닉의 DNA이다. 좋은 의미로 낙관주의이며, 보다 정확하게 말한다면 속 편한 생각이었다. 더 심각해야 할 상황에서도 그다지 심각하게 생각하지 않는 단순한 사람들이 많았다.
그때 시바와 슈즈이가 생각해 낸 것이 주유소와 정비 공장을 대상으로 판매할 수 있을 것이라는 발상이었다.
당시에 옐로우 햇*과 오토 박스**는 도매업이었고 아직 소매시장

※ 옐로우 햇 : 일본의 자동차용품 회사-역주
※ ※ 오토 박스 : 일본의 자동차용품 판매 체인점-역주

으로는 진출하지 않았던 시기였다. 게다가 이런 큰 회사들은 파나소닉이 제안하는 납품 가격으로 거래를 해줄 리가 없었다. 결국, 주유소와 정비 공장을 공략해 보기로 결정했다.

거의 대부분이 약속도 없이 찾아가는 영업 방식으로 진행되었다. 넉살이 좋지 못한 나에게는 힘든 날들이 이어졌다.

교토와 고베의 담당 책임자가 된 것은 바로 그 시기였다. 실적이라고는 전무했던 신입사원 시절이었다. 신입사원에게 실적 따위가 있을 리 없었다.

경험 없는 신입사원, 무능력한 영업사원이라고 해서 회사에서 지원을 해 주는 것도 아니었다. 그런데도 회사는 나에게 큰 업무를 통째로 맡겼다. 어떻게 그렇게 할 수 있었는지 지금 생각해도 신기하기만 하다.

긴타로 사탕이라도 괜찮아!

예상대로 실적은 형편없었다.

영업력, 상품 지식, 인간관계를 맺는 비결, 회사 안팎의 인맥, 상사의 지원. 그중의 어떤 것도 가지지 못했던 내가 좋은 실적을 거두지 못했던 것은 어쩌면 당연한 일이었을지도 모른다. 하지만 상사는 인정사정없이 닦달했다. 그나마 꽤 사정을 봐 준 편이기는 했지만 그 당시의 나에게는 도망갈 곳이 없었다. 고립무원, 사면초가 같은 말들이 딱 들어맞는 상황이었다.

휴일은 모두 반납했다. 쉬고 싶어도 쉴 수가 없었다. 상사와 선배들이 모두 출근해 있는데 일도 제일 못하는 내가 쉬겠다고 하는 것은 있을 수 없는 일이었다.

게다가 영업부장은 24시간 내내 일, 일, 일만을 외쳤다. 온 힘을 다해 일에 몰두했다. 그렇게 하지 않으면 부하 직원이 따라오지 않기 때문이었다.

닥치는 대로 움직이는 것이 아니라 '고동(考動), 즉 달리면서 생각한다.'라는 말은 파나소닉에서는 상식이었다.

"먼저 땀을 흘려라. 땀을 흘리면서 지혜를 짜내라. 땀도 지혜도 짜내지 못한다면 떠나라!"

"진심을 다하면 일은 재미있어진다. 재미있으면 저절로 아이디어가 떠오른다. 아이디어가 나오지 않는다는 것은 진심을 다하지 않았다는 증거다. 분발하라."

고노스케는 항상 이런 말을 하곤 했는데, 정말 동감한다.

월요일은 아침 7시부터 회의가 열렸다. 9시부터 오후 3시까지 판매 집계, 그리고 판매 회사와의 회의. 그러고 나서 오후 6시까지 영업 회의를 한다. 그 이후에는 밤중까지 사업부장의 실적 추궁이 이어졌다.

화요일부터 금요일은 영업 활동을 위해 아침부터 밤까지 판매점을 돌았다. 주말에는 방문 판매와 전시회 이벤트가 있었다. 이래봬도 인기 아이돌급의 혹독한 스케줄을 소화했다.

아무리 젊다고 해도 지칠 수밖에 없었다. 힘들어서 비틀거리는 중에도 상사는 언제나 판매점을 직접 방문해서 상황을 확인하고 대책을 세울 것을 요구했다. 다른 사업부에서는 이 정도까지는 하지 않았다. 판매 회사를 방문하고 상황을 확인한 후 리베이트와 매입 가격을 결정하면 끝이었다. 하지만 우리들은 언제나 판매점, 즉 시장을 향하도록 요구받았다.

현장, 현물, 현실, 모든 것의 해답은 여기에 있다는 생각이 뼛속 깊이 뿌리 박혔다. 아무리 힘든 상황에서도 무언가 힌트를, 계기를, 가능하다면 정답을 짜내자, 가설을 세우자, 그런 버릇이 생기게 되었던 것 같다.

"쇠는 뜨거울 때 두들겨야 한다!"

"지혜의 샘은 퍼내면 퍼낼수록 솟아나온다. 고갈되지 않는다."

"한계를 짓는 것은 자기 자신이다."

"어느 누구도 당신의 성공을 방해하지 않는다. 방해하는 것은 네 자신이다!"

이것도 모두 고노스케가 한 말이었다. 상사도 선배들도 고노스케의 말을 자기 나름대로 이해하여 활용하고 있었다. '파나소닉은 긴타로 사탕*'이라고 비난을 받는 것도 어쩌면 당연한 일이었다. 모두가 그런 방식으로 긴타로 사탕이 되려고 했기 때문이었다.

한 가지 재미있는 것은 자동차 에어컨 사업부가 성공하지 못했음

※ 긴타로(金太郎) 사탕 : 어느 곳을 잘라도 같은 모양이 나오는 사탕으로서, 조직 구성원 모두가 개성이 없이 비슷한 의견을 가지고 있는 경우를 의미-역주

에도 불구하고 "자동차 에어컨 사업부의 영업 조직에는 우수한 인재들이 모여 있다!"라고 주변에서 좋은 평가를 해주었다는 점이다. 신입사원이었던 나에게는 우수한지 어떤지를 비교해 볼 수 있는 정보가 없었다. 하지만 모두가 그렇게 말할 정도였으니 높이 평가해도 문제없을 듯했다.

아는 사람은 알고 있었다. 힘든 상황 속에서 노력했던 보람이 있었다. 하지만 이런 일들은 아직 시작에 불과했다. 비즈니스 인생은 이제 막 시작한 것이다. 앞으로 지옥도 만나고 천국도 보게 될 것이었다. 전 세계를 상대로 하여 역동적인 업무를 진행하며 이기고 지는 나날들이 반복되었다.

지금까지 말한 것같이, 어찌된 운명이었는지 나는 역대의 최고 경영자들 밑에서 일을 해 왔다. 이 이외에도 빅터 등의 계열사 사장이나 본사의 임원도 포함한다면 그야말로 셀 수 없을 정도이다. 전 직원 수를 생각했을 때 임원과 만난다는 것은 사막에서 다이아몬드를 찾는 것과 마찬가지일 정도로 드문 일인데 말이다.

이 중에는 파나소닉을 발전시킨 경영자도 있는가 하면 장기 침체로 떨어뜨린 경영자도 있었다. 하지만 나는 그 경영자들 한 사람 한 사람은 그저 자신에게 주어진 사명을 담담히 수행했을 뿐이라고 생각한다.

이런 말을 한다면 어떤 공적이나 실패도 시대라고 하는 커다란 흐름 속에 녹아 들어가 모든 것이 애매해져 버릴 수도 있겠지만 결국에는 그런 것이 아닐까. 시대의 요구에 부응한 것일 뿐, 그 이상도 그 이하도 아니라고 생각한다.

2

고노스케가 구축한
필승 경리 시스템과 사업부제의 붕괴

창의적 발상으로 아수라장을 헤쳐나온 마쓰시타 고노스케

파나소닉은 1918년 3월 7일, 고노스케가 오사카시 북구(현재는 후쿠시마 구)에 위치한 오히라키라는 곳에 마쓰시타전기기구제작소를 설립한 것으로 탄생했다.

이날이 사실상의 창립기념일이다.

물론 공장과 자택은 겸용이었다.

가장 먼저 만든 제품은 어태치먼트 플러그* 였다. 마쓰시타가 개발한 어태치먼트 플러그는 오래된 전구의 꼭지쇠를 재사용했다. 지금으로 치면 재활용이었기 때문에 시가보다도 30퍼센트 낮은 가격으로 판매했다. 그 덕분에 제품은 날개 돋친 듯 팔려나갔고 쉬지 않고 만들어도 재고가 부족했다. 밤중까지 쉬지 않고 일을 해도 역부족이었다. 도저히 부인 무메노와 그 남동생 이우에 도시오(井植歳男, 산요전기 창업자), 이 세 명으로는 감당할 수 있는 주문량이 아니었다.

※ 어태치먼트 플러그 : 전선의 코드 끝에 설치하여 콘센트나 소켓 등에 연결하는 삽입형 플러그

그 다음으로 개발한 '2등(燈)용 콘센트 플러그'는 더 큰 성공을 거두었다.

당시 가정에 들어오고 있던 전력은 전등용이었지만 다리미나 선풍기도 조금씩 사용하기 시작한 시절이었다. 이 전기 기구를 사용하기 위해서는 일단 전구를 빼고 나서 다시 연결해야 했다. 이것이 꽤 귀찮은 일이었다. 깜깜한 밤중에 전등을 끄면 어두워서 교체하는 것조차 불가능할 정도였다.

고노스케의 2등용 콘센트 플러그는 전등을 켠 채로 다른 한쪽의 콘센트를 통해서 전기 기구에 연결할 수 있는 제품이었다. 그 당시의 전기요금은 정액제로서 일정 요금을 지불하기만 하면 되는 제도였다. 따라서 전기요금 걱정 없이 사용할 수 있었던 것이다.

그리고 고노스케는 획기적인 제품을 개발했다. 그것은 '포탄형 램프'였다. 포탄처럼 생긴 형태 때문에 자연히 그런 이름이 붙여지게 되었는데, 과거 자전거점에서 일했었던 고노스케는 램프의 불편함을 잘 알고 있었다. 당시의 자전거 램프는 양초가 대부분이었다. 석유 램프도 있기는 했지만 비싼 가격 때문에 널리 보급되지 못하는 상황이었다.

양초는 바람이 불면 바로 꺼져 버리고 석유 램프는 비쌌다. 그렇다고 해서 전지식 램프는 수명이 단 세 시간으로 매우 짧고 고장이 많아서 실용적이지 못했다. 그럼에도 불구하고 고노스케는 전지식 램프 개발에 도전했다. 창의적으로 발상하는 것을 천성적으로 좋아했던 그는 반년 만에 수십 개의 시제품을 제작할 정도로 몰두한 결과, 기존 제품의 10배, 즉 한 번 점등하여 30~40시간 지속되는 획기적인 제품을 완성시켰다.

"좋아, 결정했어. 아무도 믿지 않는다면 실제로 얼마나 오래 가는지 직접 확인시켜 주지. 말보다 증거, 백문이 불여일견이니까."

고노스케는 도매상에 제품을 한 개씩 전달했다. 램프의 스위치는 켠 채로 두었다. 결과를 보고 나서 취급 여부를 판단하게 하려는 의도였다. 물론 램프는 무상으로 제공했는데 준비했던 견본품은 무려 1만 개에 달했다. 당시의 돈으로 약 1만 5,000엔* 이었다고 한다. 실패한다면 파산은 불을 보듯 뻔했지만, 이렇게라도 하지 않는다면 기존 제품의 선입견을 깨버릴 방법이 없었던 것이다.

"분명히 알아줄 것이다."

반응은 엄청났다.

"포탄형 램프는 제대로 된 물건이다."

도매상에서 소매상으로, 소매상에서 소비자로 입소문이 퍼진 결과, 그다음 달부터 매월 2,000개나 판매되는 히트 상품이 되었다.

1923년, 회사 설립으로부터 5년이 되는 무렵이었다.

※ 1만 5,000엔 : 1920년대 당시 일본 일반인의 월급은 18엔~25엔 수준이었다-역주

중소기업 파나소닉을 대기업으로 키워낸 경리 시스템

파나소닉은 독특한 경리 시스템을 가지고 있다.

외부에서는 '마쓰시타 경영대학'이라고 부르기도 하며 해외에서 연수 시찰을 오는 일도 빈번하다.

고노스케는 경리란 경영관리의 줄임말이라고 생각했다.

경리 책임자는 경영에 관하여 사업부장과 동등한 책임을 가진다. 이것이 다른 기업과 전혀 다른 점이다. 일반적인 경우에 경리는 최고경영자의 관리하에 있다. 따라서 분식회계가 횡행할 수 있는 것이다.

하지만 파나소닉은 달랐다. 따라서 경리 책임자는 사업부장에게 끊임없이 경영상 필요한 조언을 해야 할 의무가 있었다. 그렇다, 의무였다.

그것을 효과적으로 진행하기 위하여 경리사원은 경리본부에 소속된다. 사업부장과는 상사와 부하 직원의 관계만은 아니었다.

실적이 올라가면 사업부장과 함께 경리부장도 좋은 평가를 받는다. 경영이 악화되면 경리부장은 사업부장과는 다른 각도에서 철저하게 추궁을 당한다. 경리라는 직책은 정말 중요한 것이다.

아무리 우수한 경영자라 할지라도 혼자서는 성공할 수 없다. 참모, 지도자, 말상대, 자문역…… 등 호칭은 다양하겠지만 결국 '파트너'가 필요하다.

역사적으로 보면 도쿠가와 이에야스(德川家康)에게 혼다 마사노부(本多正信)와 난코보 덴카이(南光坊天海), 도요토미 히데요시(豊臣秀吉)에게 다케나카 한베에(竹中半兵衛)와 구로다 간베에(黒田官兵衛)가 있었으며, 경제계에서는 소니의 이부카 마사루(井深大)와 모리타 아키오(盛田昭夫), 혼다의 혼다 소이치로(本田宗一郎)와 후지사와 다케오(藤沢武夫) 같은 관계라고 할 수 있겠다.

고노스케의 파트너로서 고노스케를 '경영의 신'으로 있게 한 최대의 공로자는 다카하시 아라타로(高橋荒太郎)였다.

"다카하시 씨는 우리 회사의 보물이야."

고노스케는 기회가 있을 때마다 이렇게 말했다. 파나소닉 사내에서 고노스케가 '씨'를 붙여서 불렀던 것은 다카하시뿐이었다.

고노스케가 다카하시를 알게 된 것은 그가 근무했던 아사히 건전지를 인수했을 때의 일이다.

고노스케는 "이 인수는 대성공이었다."라고 몇 번이나 말했다. 그 이유는 물론 다카하시 아라타로였다. 회사까지 포함하여 흡수할 수 있었기 때문이다.

다카하시가 파나소닉에 정식으로 입사한 것은 주식회사 조직으로 변경되고 나서 얼마 지나지 않은 1936년이었다. 물론 경력직으로서의 입사였다.

하지만 입사 이후, 다카하시는 인수한 아사히 건전지의 재건을 위해 파나소닉에서 파견되어 근무하게 되었다.

당시의 다카하시는 26세였다. 내가 입사한 것은 22세. 큰 차이는 없지만 내용물은 전혀 달랐다. 그에게 번듯한 학력이 있었던 것은 아니었지만 일을 하면서 회계를 익힌 실무파였다.

파나소닉 안에 전해 내려오고 있는 한 일화가 있다.

그는 두꺼운 재무제표를 슬쩍 넘기며 보기만 해도 정확하게 확인한다는 것이었다. 숫자를 빠르게 읽을 수 있는 능력이 있었고, 어디를 보면 좋을지 그 포인트도 제대로 알고 있었을 것이다.

내가 보기에는 성실과 진지함에 양복을 입혀 놓은 듯한 사람이었다. 그 진가는 아사히 건전지를 재건할 때에도 유감 없이 발휘되었다.

모회사에서 자회사로 파견될 경우, 과장은 부장, 부장은 이사나 전무, 때로는 사장으로 직함이 올라가는 경우가 많다. 다카하시의 경우도 마찬가지였다.

상무로서 파견근무를 하게 된 것이다. 26세에 그 정도의 직함을 받을 정도라면 그가 얼마나 우수했는지 미루어 짐작할 수 있을 것이다. 하지만 그가 부임하자마자 했던 것은 정반대의 일이었다. 모처럼 받게 된 직함을 벗어 버렸다.

"그렇게까지 할 필요는 없다."

본사에서 몇 번이고 말려보았지만 완강히 거부했다.

"직원들은 생사의 갈림길에 서 있습니다. 더 이상 도망칠 곳이 없습니다. 그런 상황에서 재건의 임무를 맡은 제가 도망칠 곳을 마련해 둔다면 그들은 저를 따라오지 않을 것입니다."

대단히 다루기 힘든 남자였다. 이 즈음에 시대는 쇼와(昭和時代. 1926~1989년)로 넘어갔지만 속은 뼛속부터 메이지 시대(明治時代. 1868~1912년)의 남자였다. 겉은 온화하지만 끝까지 자신의 의견을 관철시켰다. 완고하거나 고루한 것이 아니라 청렴했다.

다카하시가 공장에 부임해서 두 번째로 한 일은 직원들에게 퇴직금을 지급한 것이었다.

"여러분의 급여는 생활의 기반이니 절대로 삭감하지 않겠습니다. 하지만 상여금은 드릴 수 없을지도 모릅니다. 퇴직금을 먼저 드리는 것은 만일에 회사가 파산하게 될 경우에 여러분이 빈손으로 쫓겨나는 것만은 막아야 한다고 생각했기 때문입니다."

여기까지 말한 그는, 어떻게 재건할 것인지에 대하여 내용과 일정을 그 특유의 공손하기 그지없는 자세로 설명해 나갔다.

이 과정에서 다카하시의 세심한 배려를 볼 수 있다. 재건의 성공과 실패를 결정하는 것은 경영자도 아니고 상무인 다카하시도 아니다. 성패를 좌우하는 것은 직원, 즉 현장에서 일하는 사람들이다. 그 직원들과의 첫 대면이었다. 진검승부가 아닐 수 없었다. 형식적인 인사로는 직원들의 마음을 움직일 수 없는 것이다.

도산하기 직전의 회사에 근무하는 직원들의 마음을 생각해 보자.

직원들은 재건자로서 모회사에서 파견된 애송이가 도대체 어떤 사람인지, 정말 신뢰할 수 있는 사람인지를 평가하려 했을 것이다.

그들의 가장 큰 관심사는 해고의 여부였다. 재건 운운해도 그것은 어차피 회사의 일일 뿐이다. 가장 중요한 관심사는 다름 아닌 급여를 받을 수 있을지의 여부일 수밖에 없다. 그런 의미에서 이 첫 대면, 아니 첫 대결이야말로 재건의 성패를 결정짓는 순간이었던 것이다.

파나소닉을 대기업으로 키워낸
두 명의 측근

"다카하시 씨는 마쓰시타의 보물이야."

고노스케가 기회 있을 때마다 하던 말이다. '보물'이라는 말 그대로 이 표현에는 고노스케가 다카하시에게 가지고 있는 존경과 신뢰의 마음이 담겨 있다.

기업 경영에서 가장 중요한 것은 내부 다지기이다. 특히 중소기업, 영세기업에서는 더욱 그러하다.

파나소닉이 중소기업에서 대기업으로 성장할 수 있는 기반을 이룩한 것은 다카하시였다. 경리 시스템을 개발하고 완성시킨 것도 다카하시였다. 행정부에서 의뢰를 받은 규슈마쓰시타전기(당시)의 창립, 기반 확립, 인사총무의 관리 체제, 해외 사업, 해외 기업 재건의 총책임자도 역시 다카하시였다.

무엇보다도 종전 직후, 고노스케의 재벌 지정*을 해제시키기 위하여 오사카에서 밤차를 타고 이틀이 걸려 GHQ(연합군이 일본 점령

※ 재벌 지정 : 제2차 세계대전 후, 연합군이 일본의 군국주의 잔재를 없애기 위해 재벌을 지정하고 그 해체를 추진했던 정책-역주

중에 설치한 총사령부-역주)에 매일같이 찾아갔던 것도 바로 다카하시
였다.

이후, 고노스케가 사위 마사하루에게 사장을 물려주었을 때(1961
년) 고노스케가 회장에, 다카하시는 부사장에 올랐다. 고노스케가
회장에서 고문으로 물러났을 때(1973년)에는 다카하시가 회장직을
이어받았다. 그는 언제나 고노스케와 함께 했다. 그것이 다카하시
였다.

고노스케는 다카하시의 사람 됨됨이에 대하여 아사히 건전지 인
수 전에 이미 소문으로 들어서 알고 있었을 것이다. 다카하시가 어
떤 인물인지 큰 기대를 하고 영입했었음에 틀림없다. 그 당시에 고
노스케는 41세, 다카하시는 32세였다.

고노스케가 '보물'이라 불렀던 다카하시는 파나소닉 내부에서는
어떻게 불리고 있었을까?

그의 별명을 보면 알 수 있다. '미스터 기본 방침' 혹은 '재건의
왕'이었다. 나도 몇 번인가 직접 그의 말을 들을 기회가 있었지만,
언제나 기본 방침만을 이야기했다.

"재건하는 회사에 부족한 것은 고문(고노스케)의 기본 방침이다.
기본 방침대로만 하면 반드시 재건할 수 있다."

여기에서의 기본 방침이란 고노스케가 만든 사훈이다. 파나소닉
의 '준봉해야 할 7정신(원래는 다섯 가지 정신에서 늘어남)'을 의미한다(책

파나소닉 V자 회복의 진실

209페이지 자료 참조).

다카하시는 파나소닉의 대졸 사원 제1호인 니와 마사하루(丹羽正治)와 함께 고노스케의 측근 중의 측근이었지만 미묘하게 그 위치가 달랐다. 니와는 연령 면에서 고노스케와 수직적인 관계에 있었으나 다카하시는 고노스케보다 아홉 살 아래였지만 언제나 그림자처럼 붙어 있던 존재였다.

언론에서는 그를 '마쓰시타의 총지배인'이라고 소개하곤 했지만 나는 그보다는 고문 역할에 가깝다고 생각한다. 아무리 총지배인이라고 해도 주인의 입장에서 보면 종업원일 수밖에 없다. 따라서 반말을 할 수 있다. 기껏해야 이름에 '군'을 붙이는 정도이다. 하지만 고노스케는 언제나 '다카하시 씨'라고 불렀다. 한편, 니와에게는 끝까지 '니와 군'이라고 불렀다.

경리 시스템 붕괴의 시작

다카하시 아라타로가 퇴임하고 고노스케가 사망하자 경리본부의 권한이 강화되었다.

경리 담당이었던 히라타 마사히코는 부사장까지 올라가서 마쓰시타 마사하루의 금고지기로 활약했다. 그러나 무슨 이유에서인지 고노스케가 살아 있었다면 상상하기 힘들었을 일이 이 시대에 일어나고 말았다.

MCA*의 인수, 내셔널 리스** 사건, 마쓰시타흥산***의 불량 채권 문제가 그것이었다. 이 책임의 대부분은 경리본부의 관리 책임이라고 생각한다.

그 결과, 경리본부는 실질적으로 해산되고 그와 동시에 경리 책임자는 사업부장 휘하로 들어가게 되었다. 이때부터 금고지기는

※ MCA : The Music Corporation of America, 미디어 및 엔터테인먼트 기업
※※ 내셔널 리스 사건 : 오사카의 한 요정 여주인에게 파나소닉 계열사인 내셔널 리스가 충분한
　담보도 없이 거액의 돈을 대출하여 문제가 된 사건
※※※ 마쓰시타흥산(松下興産) : 과거 파나소닉의 계열사였던 부동산 개발 회사. 2005년에 파산

경리본부가 아닌 최고경영자에게로 이동하게 된 것이다.

고노스케와 다카하시가 이인삼각으로 이룩해 낸 경영 시스템의 기둥이라고 할 수 있는 파나소닉의 경리 시스템이 여기에서 붕괴되고 말았다.

이 사건이 사업부 약화, 즉 파나소닉 추락의 원인 중 하나임이 틀림없다고 생각한다.

상사가 엄해야 부하가 성장한다!

이쯤에서 나의 이야기로 돌아가겠다. 기껏해야 23세의 신입사원이 그 바닥에서 잔뼈가 굵은 판매 회사, 대리점과 거래를 한다는 것은 애초에 무리였다. 면담을 위해 시간 약속을 하는 것조차도 나에게는 어려운 일이었다.

사업부의 영업직은 월별 판매 목표 달성, 상품 설명회 기획, 판촉안 설명, 판매점별 리베이트 정책 추진 등이 그 주된 업무였지만, 그 당시의 나는 상품 지식도 부족했고 온통 처음 경험하는 일들뿐이어서 모르는 것투성이였다. 게다가 상사의 도움도 받지 못했다. 모든 면에서 제대로 진행되는 것이 없었다.

판매 회사와 대리점의 주요 담당자들과 적절히 커뮤니케이션을 하는 것도 힘들었다. 게다가 하필이면 내가 담당하던 지역의 책임자들은 까다롭기로 유명한 사람들뿐이었다.

업무와 대인관계, 모든 면에서 고민이 가득한 날들이었다.

그런 상황에서 영업부장이었던 슈즈이는 기회가 있을 때마다 말을 걸어 주었다.

"어떤가?"

"어떻게 되고 있지?"

"뭐라고 하던가?"

"이유가 뭐지?"

질문을 던질 뿐이었다. 나는 항상 제대로 대답하지 못했다. 지금에 와서 생각해 보면 그러한 방법을 통해서 스스로 생각할 수 있도록 도와 주었던 것 같다. 어리석게도 나는 언제나 나중에 깨닫는다.

슈즈이는 결코 "이렇게 하게. 내가 말해 주겠네."라고는 말하지 않았다. 맡기기로 한 이상, 철저하게 맡겼다.

어느 날 너무 괴로워만 하는 내가 안쓰러웠던지 이런 말을 해 주었다.

"자네 담당 지역은 어려운 사람들뿐이지. 하지만 말이야, 피하면 안 돼. 아무리 까다로워도 나쁜 사람들은 아니니까."

"네."

"어떻게든 좋아해야 해. 좋아한다고 주문을 외워서라도. 그렇게 하면 점점 좋아지게 돼 있어. 이상한 일이지. 일도 마찬가지야."

"……."

"어렵고 힘들다고 생각하지 말게. 일이 너무 좋다고 생각하게. 그러면 진짜로 일을 좋아하게 된다네. 좋아하게 되면 재미있게 되는 법이지. 내 말을 믿어."

"……."

"자네와 나 중에서 누가 더 경험이 많은가?"

"그야 당연히 슈즈이 부장님이죠."

"그래, 잘 알고 있군. 구관이 명관이라고 하지 않나? 경험 많은 이 선배 말을 믿게."

"……네, 믿겠습니다."

주위의 따뜻한 격려를 받으면서도 영업 실적은 언제나 꼴찌였다. 입사 3년차, 모든 것이 싫어졌다. 쉰다는 것은 거의 생각할 수도 없었다. 빨래는 쌓여만 가고 식생활은 불규칙해서 몸은 점점 야위었다.

그런 상황을 알았든지 아니면 단지 우연이었던지 고향에 살고 있던 형으로부터 돌아오지 않겠냐는 연락이 왔다.

도망치고 싶었던 나에게 있어서는 가는 날이 장날인 격이었다.

"이제 편해질 수 있다. 회사를 그만두자."

교토 영업소의 K과장에게 상의를 해 보기로 했다. 평소에 엄하기 그지없었던 K과장이 전에 없이 친절하게 이야기를 들어줬을 뿐만 아니라 복어 요리까지 사 주었다.

"자네처럼 우수한 인재가 그만두는 건 회사에 큰 손실이야. 절대로 그만둬선 안 돼."

나 자신 스스로도 형편없는 직원이라고 생각했었고 상사로부터 언제나 지적만 당하던 나에게는 K과장의 따뜻한 말이 절절히 가슴에 와 닿았다.

파나소닉은 조금 특이한 회사이다. 자신의 부하 직원도 아닌 사람을 때로는 부하 이상으로 키우려고 한다. 이 DNA는 K과장을 통해 나에게도 이식되었다. 그렇게 생각하는 이유는 나도 그 후에 부하 직원도 아닌 타 부서 사원이나 거래처 직원의 이야기까지 들어주는 사람이 되었기 때문이다. 거기에서 그치지 않고 만나는 사람마다 그 사람이 성장하는 것을 보고자 하는 습관이 생겼다.

나는 일이 마음대로 되지 않았던 탓인지 언제나 피곤했다. 겉으로 보기에도 피곤에 절어 있는 것이 보였을 것이다. 잔뜩 구겨진 셔츠에 양복, 부스스한 머리, 빼빼 마른 몸으로 빌빌대었다. 옆에서 보면 가난의 신이나 역신이 붙은 것처럼 보였을지도 모르겠다. 저승사자로 보이지 않은 것만도 다행일지 몰랐다.

그런 영업사원이 좋은 성적을 올릴 리가 없었다. 하지만 실패하고 또 실패해도 몇 번이고 비틀거리며 다시 일어나서 혼자서 맞서나갔다. 이 사업부에서는 아무도 도와주지 않으니 혼자서 할 수밖에 없었다.

실패를 무수히 거듭하며 몇 번이고 다시 일어서는 과정에서 나는 조금씩 강해졌다. 부러지기 일보 직전이었던 내 몸을 지키기 위해서 실패하는 방법과 다시 일어서는 방법을 나도 모르는 사이에 체득하게 되었던 것이다.

✔ 영업을 리드하는 업무 부문으로 개혁한다!

　회사의 기대에 부응하지 못한 나에게 그다음에 주어진 일은 영업이 아닌 업무 담당이었다.

　간단히 말해서 영업 능력이 없다는 의미였다. 이제 영업 활동은 하지 않아도 되니 앞으로는 영업을 보조하는 업무를 하라는 것이었다.

　어쩌면 잘 어울리는 일일지도 몰랐다. 업무를 무시하는 것이 아니다. 인간에게는 적성이라는 것이 있게 마련이다. 여기서 적성이라는 것은 이 일로 먹고살 각오가 되어 있는가 아닌가 하는 의미에서의 적성이다.

　"이 길이 아닐지도 몰라."라며 항상 의문을 품고 있는 상태라면 적성에 맞지 않는 것이 분명하다. 나 자신이 내 마음에 불을 지를 수 없었다. 완전히 푹 젖어 있는 상태였다. 때로 인사이동이란 구원의 신이 되어 주기도 한다.

　다행이었던 것은 입사 이래 계속 나를 챙겨 주었던 N이 변함없이 나의 상사라는 점이었다. 이 점은 행운이었다.

그는 '공격형 업무'를 표방하고 있었다. 다시 말해서 '영업을 뛰어 넘는 업무팀'을 만들려고 했다.

그때까지 업무라고 하면 일반적으로 영업이 주문을 받아온 후에 상품을 발송하거나 청구서를 전달하고 입금 확인을 하는 등의 뒤처리 업무가 대부분이었다. 그런 업무에서 영업을 리드해 나가는 업무로 바꾸자는 것이었다.

과연 그런 일이 가능한 것일까?

N에게서는 수많은 것들을 배웠다. 그의 일 처리 능력은 가히 획기적이었다.

시판 시장의 자동차 에어컨은 자동차가 출시된 후에 승부가 판가름난다. 개발에서 판매까지 일반적인 공정으로 5개월이 걸린다. 이 사이의 판매 손실은 무시할 수 없는 수준이었다.

그는 이 과정을 생략하고 개발, 제조 기간을 단축시키기 위해서 수평적인 워킹팀을 만들었다. 업무, 생산관리, 설계, 구매의 각 부문에서 주임급 직원을 모았다. 매주 회의를 실시하여 목표를 어떻게 달성할 것인지 진지하게 협의했다.

그는 각 부문이 부문별로 결재를 받는 과정을 없앴다. 즉, 전체 과장 회의에서 모든 결재 안을 검토하도록 한 것이다. 하면 된다. 다소 막무가내인 점도 있었지만 이런 방법이 아니라면 부문 간의 벽을 허무는 것은 불가능했다.

중요한 것은 시장에 조금이라도 빨리 제품을 선보이고 판매해서 이익을 거두는 것이다. 걸림돌이 되는 것을 열거하여 모두 해결해 나간다. 사내의 사정 따위는 상관하지 않는다. 이것이야말로 창조적 파괴였다. 이것이야말로 영업을 리드하는 업무팀이었다.

조금 더 구체적으로 설명하겠다. 가령 코롤라*가 발매된다는 정보가 들어왔다고 하자. 선행하여 자동차 구입의 절차를 밟고 자동차가 발매된 후 사내 직원에게 그 차를 판매하는 구조를 만들었다. 자동차가 들어오기 전에 설계 담당이 딜러를 방문하여 구입 예정 차량과 동일한 전시 차량을 보고 차와 자동차 에어컨의 스펙을 개략적으로 확인했다.

워킹팀에서 예산→ 목표 이익→ 판매 목표→ 개발→ 생산 준비→ 판매의 절차를 정했다. 가장 유력한 차종에 대해서는 1개월 만에 판매를 시작하는 쾌거도 거둘 수 있었다.

상품 재고의 적정화에도 힘썼다. 판매 회사의 재고를 포함해서 개조할 수 있는 것은 개조하여 불량 재고를 인기 상품으로 바꾸어 나갔다.

나도 그의 지시로 설계→ 구매→ 생산관리 분야에서 종횡무진 뛰어다녔다.

이 경험 덕분에 제조에서는 불가능이란 없다는 자신감을 가지게 되었다. 시간이 사흘만 있다면 상품은 완성된다. 긴급 사태에서도

※ 코롤라(COROLLA) : 도요타자동차가 1966년부터 제조, 판매 중인 승용차 브랜드-역주

그런 실적을 올렸다.

그 이후, 샘플 제작을 의뢰했을 때 사업부로부터 3~5개월 후라는 대답을 받더라도 "그렇게 오래 기다릴 순 없어!", "절반으로 단축시킬 수 있어."라며 따지는 것이 다반사였다. 실제로 가능했다. 자동차 에어컨 사업부에서 쌓은 경험이 있었기에 가능한 일이었다.

업무에서는 겨우 다른 사람 수준의 업무 성과를 올릴 수 있게 되었지만, 그것은 영업사원 시절의 실패를 약간 만회하는 정도였다고 생각한다.

사업부제의 성패는 경영자에게 달려 있다!

그 시절 야마시타 도시히코의 사내 개혁은 순조롭게 진행되었다. 야마시타의 방침은 명확했다. 그중 한 가지는 신상필벌이었다. 목표 이익률은 10퍼센트였는데, 지금과 비교하면 두 배의 수치이다. 기간별 이익률에 근거해서 사업부를 ABCD의 4단계로 평가했다. 이 평가 결과는 사업부장의 성적 그 자체였다. 물론 상여금에도 크게 영향을 주었다.

또 한 가지 방침은 인재 교류였다. 사업부제의 결점 중 하나가 우수한 인재를 사업부 안에서만 끌어안고 있다가 보니 인사 교류가 좀처럼 진행되지 않는다는 점이 있었기 때문이다.

1933년 5월, 고노스케는 예전부터 생각하고 있었던 조직 구조를 세계 어느 기업보다 먼저 실시하기로 했다. 그것이 바로 '사업부제'였다.

사업부제란 무엇인가? 한마디로 말하자면 업무를 철저하게 부하에게 위임하는 시스템이라고 할 수 있다.

고노스케는 라디오 부문을 제1 사업부, 램프·건전지 부문을 제2 사업부, 배선기구·합성수지·전열기 부문을 제3 사업부로 정했다. 이 사업부제는 거의 비슷한 시기에 미국의 포드사(社)도 도입했지만 고노스케가 처음 생각했던 것은 1927년에 전열부(電熱部)를 설립했을 때였다. 신사업이기 때문에 고노스케 자신이 솔선해서 추진해야 했음에도 불구하고 몸 상태가 좋지 않았다. 원래 병약한 체질이었기에 무리를 할 수도 없는 상황이었다. 일에 대한 조언을 해줄 수도 없었다. 이런 어중간한 상태로는 만족스럽게 일을 추진할 수 없었다.

"내가 하지 못한다면 차라리 전부 다 맡겨 버리자."

기획에서 제조, 판매, 수금에 이르기까지 과감하게 맡겨 보니 오히려 기대 이상의 성과를 거두게 되었다.

"내가 직접 하는 것보다 훨씬 낫군."

책임자로 발탁할 인재를 선발하는 일은 간단했다. 고노스케와 동일한 실패를 할 것으로 생각되는 인재를 골랐다. 그 인재가 다른 방법으로 실패한다면 분하겠지만, 자신도 그렇게 했을 것이라고 생각되는 실패라면 이해할 수 있을 것 같았기 때문이었다.

파나소닉의 사업부는 독립적인 회사이다. 그렇기 때문에, 사업부장은 경영자, 즉 사장인 것이다. 그것은 단순히 마음가짐의 문제가 아니다. 사업부장은 실제로 사람, 물자, 자금과 관련한 상당한 권한과 책임을 가지고 있다.

초기에는 발탁된 사람들도 잘 이해하지 못했었다고 한다. 그래서 고노스케는 그들에게 은행 통장을 건네주었다.

"이게 뭡니까?"
"자네 명의야. 마음대로 꾸려 보게."

사업부장은 이 정도로 권한이 있는 자리였지만 자신이 마음대로
할 수 있다고 방심할 수는 없었다. 고노스케는 맡기되 맡기지 않았
기 때문이다. 모든 것을 다 맡겨 버린다면 총책임자로서 고노스케
의 존재 의미가 없다. 사업부제를 운영하면서도 각 사업부에는 고
노스케의 직속 스파이라고 할 수 있는 경리부원이 있었다. 그들은
사업부의 결정에 거부권을 행사할 수 있었다. 숫자의 흐름을 파악
할 수 있다면 사업부의 경영 실태를 손바닥 들여다 보듯이 알 수 있
는 것이다.

사업부제는 완벽한 조직 제도인가라는 질문에 고노스케는 과거
에 이렇게 이야기한 적이 있었다.

"사업부제는 60퍼센트 완성된 제도다. 나머지 40퍼센트
는 경영자에게 달려 있다!"

"자주 책임 체제(自主責任體制)가 명확해 지고 직원도 간부도 책임

의식에 눈뜨게 되지. 또 전면적으로 창의적 발상을 하게 되고 유감 없이 100퍼센트의 힘을 발휘할 수 있지. 단점을 꼽으라면 다소 독창적이랄까 독단적인 측면이 불거질 수도 있어. 이것이 결점이라고 하면 결점이겠지만, 그때는 서로 충고를 해 주면 될 것이야."

고노스케는 절대적인 자신감을 가지고 있었다. 경영의 신이기 때문이었는지도 모른다. 그 이후 파나소닉의 조직 체계는 나카무라 구니오 시절에 흔들리고 말았다. 컨설팅 회사의 조언을 받아들여 다양한 실험을 할 수 있었을지는 모르겠지만, 결국 쓰가 가즈히로는 조직을 원래의 사업부제로 다시 되돌렸다. 나도 그것이 옳다고 생각한다.

3년 안에 성과를
내지 못하면 해고다!

야마시타는 승진을 위한 조건으로 복수의 사업부에서 근무해야 한다는 규칙을 정했다. 게다가 두 곳 이상의 분야를 경험해야 한다는 조건이었다. 사업부 한 곳만 경험한 직원은 승진 대상에서 제외시킨다는 파격적인 내용이었다.

이 지시로 인하여 우수한 인재의 사업부 간 교류가 급격히 증가했다. N도 그 대상이 되었다. 그가 우수한 인재임에는 틀림이 없었으니 대상이 되는 것은 당연했다.

하지만 사업부장은 어지간히도 그를 놓아주고 싶지 않았던 모양이었다. 영업직에서 기술직으로 발령을 냈던 것이다. 사업부에서 내보내지 않고 비슷한 직책으로 이동시키는 횡적 발령이었다. 물론 '다른 분야로의 발령도 가능'했지만 그를 계속 데리고 있기 위해서 꼼수를 부렸다는 말을 충분히 들을 수 있을 만한 조치였다. 야마시타가 원래 의도했던 바와는 달랐을 것이다. 사업부장은 좋았을지 몰라도 그것이 N에게 도움이 되었을지는 미지수이다.

자동차 에어컨 사업부밖에 경험해 본 적이 없는 내가 파나소닉 전체를 논하는 것은 무리일 수도 있겠지만, '사람을 키운다'는 테마에 있어서 파나소닉은 언제나 적극적인 회사였다. 이것만은 틀림없는 사실이다.

파나소닉의 인재 육성 방법에서 강의식 교육은 보조 방법이다.

연수 회사로 파견하거나 저명한 강사를 초빙하여 지식을 익히도록 하지는 않았다. 가장 기본적인 방법이기는 하지만 어디까지나 OJT를 중시했다.

그렇다고 해서 하나하나 친절하게 지도하는 것도 아니었다. 일부러 힘든 환경에 배치하고 철저하게 현장·현물·현실이라는 감각을 익히게 해서 그것으로부터 답을 이끌어내는 지혜를 키우도록 했다.

단시간에 되는 일이 아니었다.

OJT라는 이름의 방임주의라고 생각할 수도 있었다.

본인에게 맹렬한 문제의식과 야심, 그리고 행동력이 없다면 도저히 감당하기 힘든 방법이라고 할 수 있다. 아무리 어려운 환경에서도 부각되는 사람은 부각된다. 해내는 사람은 해내고, 해내지 못하는 사람은 해내지 못한다.

나는 업무부로 이동하게 된 덕분에 조금 나아졌을 수도 있겠지만 전체적으로 평가해 보면 실패로 점철된 십 년이었다. 하지만 가망 없는 낙오자였음에도 불구하고 동기들에게 뒤처지지 않고 승진했던 것은 아무리 생각해도 불가사의한 일이 아닐 수 없다.

파나소닉의 인사는 강렬하고도 독특했다.

사업부장이었던 시바는 1950년부터 사업부장직을 맡고 있었는데 실적이 좋지 않았다는 이유로 도쿄 영업소로 좌천되고 말았다. 하지만 그로부터 몇 년 후에 파나소닉의 핵심인 전자부품의 영업본부장이 되었다.

에어컨 사업부의 사업부장이었던 타하라도 실적 부진의 책임을 추궁당하기도 했지만 어느 사이엔가 임원이 되었다.

사업부장은 3년 안에 성과를 내지 못하면 좌천되고 만다.

야마시타의 인사 정책은 명확했다. 하지만 이동된 곳에서 좋은 실적을 거두면 다시 기회가 주어졌다. 냉철하지만 따뜻한 인정이 있는 회사였다고 생각한다.

3

'파나소닉은 사람을 만드는 회사'라는 정신을 포기한 인사 시스템

고노스케를 부정하는 대대적인 정리해고

지금까지 서술한 바와 같이 파나소닉은 정이 있는 회사이다.

> "우리 마쓰시타전기(당시 파나소닉의 사명)는 사람을 만드
> 는 회사입니다. 더불어서 제품도 만들고 있습니다."

고노스케는 이 말을 몇 번이고 되풀이했다. 경영진과 사업부장은
물론 인사본부도 이 고노스케 철학을 소중히 여겼다.

부하 직원의 업무를 평가하는 것이 상사의 업무이다. 인사 부문
은 상사와 부하 사이에서 균형을 유지하며 상사의 지나친 관리를
견제하거나 장래가 유망한 직원을 지원하는 등의 면밀한 조정 역
할을 맡고 있었다.

하지만 2000년경, 나카무라 구니오(2000년 6월~2006년 6월)가 최고
경영자에 취임한 전후로 하여 인사 부문의 임무가 변경되었다.

즉, 붕괴한 경리본부를 대신하여 인사 책임자가 경영 전반에 걸
친 권한을 가지고 사장을 보좌하는 최고 권력자가 된 것이다.

나카무라의 방침은 일체의 예고도 없이 갑자기 발표되었다.

"50세 이상의 직원은 필요 없다!"

인사 부문은 이 명령을 받고 그것을 구체적인 제도로 만들어갔다. 50대 이상의 직원은 부장으로 임명되지 못하도록 제도가 수정되었다.

나카무라가 엄명을 내린 이 조기 퇴직 제도는 인사 책임자의 가장 중요한 미션이 되었다.

사내에서는 조기 퇴직 제도를 추진하지 못하는 인사 책임자는 승진을 할 수 없다는 소문까지 돌았다.

2001년 7월, 파나소닉은 창립 이래 처음으로 조기 퇴직자를 모집하게 되었다. 국내 주요 그룹사 직원 7만 명 중의 1만 명(연결로는 1만 3,000명. 이것으로 인한 인건비 절감 효과는 1,600억 엔)이 조기 퇴직을 신청했다.

1960년대부터 약 30년간 직원 수는 4만 명에서 5만 명 사이를 유지하는 한편, 평균 연령은 27세에서 42세로 크게 상승했다.

파나소닉도 단카이 세대*의 대대적인 채용으로 인해 상부가 크고 중간이 쏙 들어간 호리병 모양의 연령 분포를 보이게 되었던 것이다.

일단 2000년도에 이온그룹**등 유통 대기업들이 채택했었던 '지

※ 단카이 세대(団塊世代) : 1947~1949년 사이에 태어난 일본의 베이비붐 세대-역주
※※ 이온그룹 : 미니스탑 등 편의점, 슈퍼마켓, 할인점, 대형 쇼핑몰을 운영하는 아시아 최대 유통 기업 그룹-역주

파나소닉 V자 회복의 진실

역 한정 사원제도'를 도입했지만, 인건비 절감으로까지는 연결되지 않았다. 이것은 지역 채용 직원은 타 지역으로 전근시키지 않는 대신 급여를 10퍼센트 하향 조정하는 제도였는데, 점점 더 격화되는 경쟁에서 살아남기 위해 그 절감된 예산을 제품 가격 인하 예산으로 돌리고 만 것이다.

다른 가전제품 제조사들처럼 과감한 구조 조정에 착수하는 방법도 있었겠지만 1929년의 '성공 신화*'가 파나소닉에게 있어서 너무나 큰 부담으로 작용했던 것 같다.

그때 숫자로 나타나는 근거가 없었다면 아무리 고노스케라고 하더라도 해고 철회, 고용 유지를 결단할 수 있었을까?

"이 불황은 반년 만에 끝날 것이다.(실제로는 불과 두 달)"라는 예측이 있었기에 가능한 판단이었다.

※ 성공 신화 : 창업주 고노스케가 1929년 세계 대공황 중에 재고가 쌓이자 생산을 반으로 줄이면서 직원 해고를 막은 사례-역주

소니, 샤프가 부러워한 '파나소닉 다이묘(大名) 구조조정'의 진실

조금 전문적인 내용이기는 하지만 고노스케가 고용을 유지했던 시기와 나카무라 구니오가 구조 개혁, 구조조정을 추진했던 시대가 어떻게 다른지를 짚어 보려고 한다.

파나소닉을 포함한 대기업 제조사들은 오일 쇼크 이후 원자잿값이 급등했음에도 불구하고 업계의 극심한 경쟁 때문에 제품 가격을 올리지 못한 결과, 매출이 상승해도 그 이익을 인건비에 반영하지 못하는 상황이었다.

매출은 어느 시대에도 변동비, 고정비, 그리고 이익의 세 가지 요소로 구성된다.

1995~2008년에 걸쳐서 파나소닉을 포함한 대기업 제조사들의 매출은 합계 43조 엔(한화 약 451조 원-역주)으로 증가했다. 하지만 변동비는 50조 엔(한화 약 525조 원-역주)까지 늘어나고 말았다. 그 여파는 인건비와 영업이익에 영향을 미친다. 실제로 이 두 가지는 낮아질 대로 낮아졌다.

"회사는 돈을 벌고 있는데 급여가 전혀 오르지 않는다."라는 불평이 이곳저곳에서 들려오는 것이 이 사실을 증명해주고 있었다. 사실상 오르지 않기는커녕 10년 사이에 연간 수입이 15%나 줄어들고 말았다. 하지만 다행히도 디플레이션 상태였기 때문에 생활을 꾸려갈 수 있었다.

오일 쇼크(1973년)로부터 1993년까지의 시기에도 네 번의 경기 후퇴가 발생했지만 임금은 연평균 4.1%씩 계속 상승했었다. 결국, 불황이다, 불경기다 하며 호들갑을 떨기는 했어도 지속적으로 임금이 올랐던 것이다.

하지만 그 임금이 1997~1999년에 처음으로 하락하고 말았다.

나카무라는 6,000억 엔(한화 약 6조 3,000억 원-역주)의 자금을 준비했다. 이때 파나소닉 은행이라는 별명을 가진 재무가 그 힘을 유감없이 발휘했다.

항간에서 '다이묘 구조조정*'이라고 비난했을 정도로 퇴직금이 많았다.

특별 가산금**은 24개월분을 지급하는 것이 일반적인 수준이었지만 파나소닉에서는 특별 라이프 플랜 지원금이라고 하여 50개월

※ 다이묘 구조조정 : 19세기까지 지방 영토를 다스리는 봉건 영주였던 다이묘들이 메이지 유신으로 통치권을 박탈당했지만 귀족이 되어 연금을 받으며 생활하게 된 것에 빗대어 비꼬는 표현-역주

※※ 특별 가산금 : 일본 기업에서 조기 퇴직자에게 퇴직금과는 별도로 지급하는 퇴직장려금-역주

(조합원은 최대 40개월, 과장급은 45개월)치를 지불, 동종 업계의 두 배 수준이었다. 타사에서는 내놓고 싶어도 그 정도의 자금적인 여유가 없었다.

2002년 3월, 최종 적자는 4,300억 엔(연결실적)이었지만 그다음 해부터 실적은 V자로 회복되었다.

이것을 두고 주변에서는 경영자가 영단을 내린 결과라고들 말했지만 사태는 그 정도로 녹록하지 않았다.

중복 사업 구조조정을 위한 구조 개혁

    물론 부정적인 면만 있었던 것은 아니었다. 파나소닉은 사업부, 자회사, 관련 회사 등 수많은 회사를 거느리고 있다. 그룹 전체로 치면 무려 100개가 넘는 사업부가 존재한다.

    이쯤되면 알게 모르게 서로 중복되는 제품이 출시되는 경우도 생긴다. 대기업이기 때문에 발생하는 숙명일지도 모른다.

    고노스케 시대였다면 몰라도 요즈음과 같은 인터넷 시대에서는 간단한 검색을 통해서 어떤 제품이 중복되는지를 바로 알 수 있다. 하지만 만일 이것이 사외비, 사업부 대외비의 연구 개발 제품이라면 상황은 달라진다.

    현실적으로 사업부 간의 정보 공유는 불가능한 일일지도 모른다.

    파나소닉에서는 제품별로 사업부가 구별되어 있었다.

    제품은 '테마'별로 분류되어 있는데 선풍기, 공기청정기, 에어컨 등 '바람'에 관련된 제품은 마쓰시타정공(精工)에서 담당했다. 하지만 공기청정기는 주택 기기와도 관련이 있기 때문에 파나소닉전공(電工)이 제조한다고 해도 이상하지 않다. 그리고 실제로도 제조를 했었다.

마찬가지로 마쓰시타전송(電送)과 규슈마쓰시타전기(電器)는 가정용 팩스를 중복하여 제조했었고, 전자 화이트보드는 다섯 개의 사업소에서 중복 제조하고 있었다. 물론 이러한 중복이 사내의 경쟁을 활성화시키고 업계 점유율 상위를 놓고 경쟁하게 되는 효과가 있다면 바람직하다고 할 수 있겠지만 현실은 그렇지 않았다. 중복의 단점은 연구 개발비, 판매망, 광고비, 재료 등 실로 다양한 분야에서 역량이 분산되어 버린다는 점이었다.

일부러 경쟁력을 떨어뜨릴 필요는 없다. 디지털 제품은 기술적으로도 사업부의 구분 없는 총력적인 연구 개발이 요구되는 만큼, 쓸데없이 기술이 분산된다면 제품화, 사업화에 뒤처지게 되는 것이 당연하다.

그런 짓을 하고 있을 여유가 없었다. 나카무라는 사장에 취임하자 구조 개혁을 단행했다. '고노스케 신화의 부정'이라고도 할 수 있는 정리해고와 사업부제 부정이었다.

나카무라는 '올 파나소닉(All Panasonic) 체제'를 확립하기 위해서 그룹사의 흡수 합병을 과감하게 진행했다.

먼저 2002년 1월에는 도쿄증권거래소 1부 상장기업인 마쓰시타통신공업, 규슈마쓰시타전기, 마쓰시타고토부키전자공업*, 마쓰시타정공, 비공개 회사인 마쓰시타전송시스템을 주식 교환 방식을

※ 마쓰시타고토부키전자공업 : 컴퓨터 주변기기, 영상기기, 난방기기 등을 제조 생산하는 기업. 현재는 파나소닉 헬스케어로 개명

파나소닉 V자 회복의 진실

통해 완전 자회사로 만들어 단숨에 통합했다(이미 마쓰시타전지공업, 마쓰시타산업기기는 완전 자회사가 되어 있던 상황).

주식 교환은 미국 기업이 일본 기업을 쉽게 인수할 수 있도록 미국 정부가 일본에 강요한 방법이지만, 회사법이 개정되자 파나소닉은 그것을 역이용하여 활용했던 것이다.

또, 2003년 말에는 지분법이 적용되던 자회사인 마쓰시타전공(도쿄증권거래소 1부 상장기업)에 대하여 주식 공개 매수를 진행했다. "전공에는 안 가도 돼. 니와 군이 있으니까."라며 고노스케가 파나소닉 이상으로 본가로서 인정했던 전공까지도 통합한 것이다.

'파나소닉, 에너지 절약형 도시개발 관련 사업으로 1조 엔을 노린다'(2012년 12월 28일 일본 경제신문)

파나소닉은 환경 배려형 도시개발과 관련한 사업으로 2018년에 1조 엔의 매출을 목표로 한다는 계획을 밝혔다.

주택 내부의 에너지 소비를 감시·제어하는 'HEMS(Home Energy Management System)' 기기를 중심으로 에너지 절약 관련 제품을 일괄적으로 납품하는 '통합' 전략을 추진했다. 환경 배려형 집합주택이나 도시 인프라 정비 사업을 대상으로 하여 HEMS 기기, 리튬이온 전지를 사용한 축전지, 태양전지, 대형공조(空調), 절전형 가전 등을 일괄적으로 납품한다는 방안이다.

신규 사업이기 때문에 당시의 매출은 거의 제로에 가까웠지만 2015년도에 2,500억 엔, 2018년도에 1조 엔의 매출을 목표로 하고 있다.

나카무라는 규슈마쓰시타전기, 마쓰시타통신공업, 마쓰시타전송의 사업을 재편하여 파나소닉 커뮤니케이션즈로, 마쓰시타통신공업의 휴대전화·이동체 단말 사업을 재편하여 파나소닉 모바일 커뮤니케이션즈로, 그리고 TV, 비디오, 음향기기, 디지털카메라 사업을 재편하여 파나소닉 AVC 네트웍스로 각각 통합했다.

파나소닉 V자 회복의 진실

✔️↗ 사람을 만드는 인사에서
캐스팅 인사로

　기업은 사람이 전부다. 특히 파나소닉은 인재 교육에 남다른 정성을 쏟아 왔다. 그것을 상징하고 있는 것이 2003년의 파나소닉 경영 슬로건이다.

　그것은 '직원 한 사람 한 사람이 창업자'라는 슬로건이었다.

　이 한마디에 나카무라의 집념이 담겨 있었다.

　나카무라의 인사 정책은 젊은 피의 육성, 젊은 인재 발탁의 구조를 만들었다. 전도 유망한 직원을 선발하여 영재 교육을 실시했다.

　그 대상은 사업부장과 인사 책임자가 협의하여 선발했다. 이로 인하여 인사본부는 엘리트 양성소가 되었다. 선발된 엘리트들은 과장, 부장으로 조기 승진하여 중요한 임무를 담당했다.

　하지만 인사 쪽에서 선발하는 엘리트는 아무래도 고학력이며 영어에 능통하거나 외모가 출중한 인재에 편향되는 경향이 있었다. 유감스럽게도 이런 엘리트들은 유난히 역경에 약하고 어려운 상황에서는 기대한 성과를 전혀 거두지 못하는 경우가 많았다. 예상한 대로였다.

그런 경우, 어떻게 해야 할 것인가?

인사본부에서는 그 엘리트들이 더 이상 다치기 전에 이동, 전출, 전근시키는 방법을 취했다.

이렇게 허약한 엘리트들은 스태프 부문의 책임자로 가는 것이 일반적인 수순이었다. 행동보다 지식이 앞서는 이런 직원들은 평론가로서는 적임자였던 것이다. 애초에 리더가 될 수 있는 타입의 인재는 아니었다. 야마시타 시절, 실력만을 고려하여 관리직에 배치한 결과 거의 대부분이 고졸자였던 상황과 비교해 보면 너무나도 다른 결과였다.

이처럼 나카무라 정권의 파나소닉에서는 기술 관료가 대량으로 배출되어 결국 관료주의, 중앙집권주의를 조장하고 촉진하게 되었다.

'사람을 만드는 인사'에서 '엘리트를 캐스팅하는 인사'로 인사의 역할이 바뀌게 된 것이었다.

**좌천은 오해였다.
마쓰다 프로젝트가 시작되었다!**

나의 20대는 암흑의 시대였다. 그리고 "히라카와(저자)는 쓸모가 없다."라는 평가를 받아 자동차 에어컨 사업부에서 전근을 가게 되었다.

1985년에 히로시마로 발령이 난 것이다. 고향 가까이 가는 것이 기뻤고 지금까지 '넌 안 돼, 도움이 안 되는 놈'이라며 평가하던 사람들을 신경 쓰지 않아도 되었다. 솔직히 정신적으로도 편했다.

발령받아 가게 된 곳은 츄고쿠 특수기계 영업소였다. 소장은 모리시타 요이치(1993년 2월~2000년 6월까지 5대 사장 역임)였다.

놀랍게도 모리시타는 최상의 예우로 나를 맞아 주었다.

아침 조례 시간에 직접 나를 직원들에게 소개했던 것이다. 늘 있는 일이겠거니 하고 생각했지만 나중에 "있을 수 없는 일이었다."라는 말을 듣고 놀란 적이 있었다. 주변에서는 모두 놀랐지만 나에게는 어느 정도 짚이는 바가 있었다.

에어컨 사업부 출신이었던 야마시타 도시히코(1977년 2월~1986년 2

월까지 사장 역임)는 자동차 에어컨 사업을 만든 사람이다.

게다가 그는 자신이 직접 나서서 영업 활동을 전개하는 사람이었다. 그 대상은 히로시마에 본사를 둔 자동차 회사인 마쓰다였다.

그 당시 마쓰다는 경영 부진으로 스미토모은행의 지원을 받고 있었다. 마쓰다에 사장으로 발령받은 것은 히구치 히로타로였다. 히구치는 수퍼드라이를 개발하여 아사히맥주를 재건시킨 명경영자(名經營者)로 알려져 있지만, 그 이전에 마쓰다의 사장으로서 경영 개혁을 추진한 바 있었다.

야마시타는 히구치에게 자동차 에어컨 채택의 검토를 의뢰한 상태였다. 그 결과, 스미토모은행 측의 강한 지원에 의하여 마쓰다는 자사 차량의 공조 시스템을 톱다운 방식으로 채택하겠다는 결정을 내리게 되었다. 게다가 차종은 마쓰다의 최고 양산 차량인 패밀리아였다. 이 사실 만으로도 히구치가 파나소닉 채택을 위해 얼마나 큰 모험을 했는지 알 수 있다.

스미토모은행은 파나소닉의 주거래 은행이다. 창업 직후부터 고노스케의 수완을 눈여겨 보았던 다케다 나오시 지점장(오사카시 후쿠시마구 오히라키마치)이 쇼와 공황* 시절에 자신의 퇴직금을 걸어도 좋다고 주장하며 대출을 성사시켰던 것이다. 그 은혜에 보답한다는 고노스케의 의지로 인하여 유일하게 스미토모은행과만 거래를

※ 쇼와 공황 : 1927년 금융 공황으로 시작하여 1929년의 세계 공황으로 심화되고 1930~31년에 절정에 달한 일본의 경제공황-역주

파나소닉 V자 회복의 진실

지속해 왔다.

약간 벗어나는 이야기이지만, 히구치 자신도 이사 시절에 고노스케와 몇 번이나 만난 적이 있었다고 한다. 하루는 고노스케가 참석하여 중요한 안건을 논의하는 회의가 열렸다.

잠자코 듣고 있던 고노스케가 다음과 같은 말을 했다고 한다.

"자네들 말이야, 내가 가방끈이 짧다는 것을 알면서도 영어 단어를 두 개나 썼지. 마음에 안 들어. 자네들끼리 회의하게. 나는 잠시 쉬겠네."

파나소닉 본사 부지 안에 병원이 있었다. 그곳에 자신의 방을 마련하고 평일은 그곳에서 머물렀다.

고노스케는 한참 후에 회의실로 돌아왔다.

"어떻게 됐어? 조금 진행이 됐나?"

"안 계신 동안에 이런 제안이 나왔습니다."

"그래, 좋구만. 하지만 뭔가 감이 오지 않는데. 오늘은 이 정도로 끝내고 내일 다시 모이도록 하지."

그 다음 날도 잠자코 의견을 듣고만 있을 뿐, 한마디도 발언하지 않았다. 이렇게 세 번을 반복했다고 한다.

"이래라저래라 하며 자신이 결론을 내시는 분이 아니었습니다. 끈기 있게 몇 번이고 질문을 거듭하며 담당자들이 생각할 수 있도록 하셨죠. 결론이 한 가지씩 나올 때마다 격려해 주셨습니다. 고노스케 사장처럼 주변 사람에게 감사를 많이 한 사람은 없었던 것 같습니다. 하지만 고노스케 사장만큼 일에 만족하지 않았던 분도 없었습니다. 창립 당시에는 무엇이든 자신이 결정하고 직원에게 명령하는 것이 보통이었다는데 오너이니까 어떻게 보면 당연한 일이죠. 하지만 고문(1973년)이 되고부터는 책임이 발생하는 명령은 일절 하지 않고 부하 직원이 생각하도록 유도했다고 합니다. 그렇게 되기 위해서는 많은 노력이 필요하지 않았을까요? 자기도 모르게 참견하고 싶어지는 것이 사람이니까요."

마쓰다 공조 시스템의 주 거래처는 원래 덴소였다. 마쓰다에게도 도요타자동차의 계열사인 덴소가 주력 차종의 공조 시스템을 독점하게 하기보다는 두 개 회사의 경쟁 체재를 구축하여 비교 견적을 받고자 하는 의향이 있었을 것이다.

※ 양광회(洋光會) : 마쓰다가 사회공헌, 상생을 목적으로 하여 조직한 협력사들의 모임-역주

이 방향성은 철저하게 비용 절감을 추진해야 했던 히구치가 파나소닉을 채택하는 데에 큰 영향을 끼치지 않았을까?

결과적으로 야마시타는 마쓰다 간사이 양광회* 회장으로 취임하게 되었다.

이 한 건으로 인하여 하루아침에 마쓰다 공략 프로젝트가 시작되었고, 그 리더로 슈즈이가 임명되었다. 동시에 모리시타는 최전선인 히로시마 영업소장으로서 철저히 서포트를 하게 된 것이다.

이때 모리시타가 슈즈이에게 현장 담당자를 파견해 달라는 요청을 했고, 그 결과로 내가 지목된 것이었다.

좌천된 것이 분명하다고 생각하고 있었지만 되돌아 보면 파나소닉뿐만 아니라 마쓰다와 스미토모은행, 그리고 히구치와 야마시타 모두에게 있어서 절대로 실패해서는 안 될 너무나 중요한 프로젝트였다. 그 담당자로서 임명된 것이니 좌천이 아니라 발탁이었다.

나는 그런 사실은 꿈에도 모른 채 허겁지겁 히로시마로 달려갔다. 그 시절에는 앞날을 내다보는 안목이 전혀 없었다. 전략도 대세를 판단하는 능력도 없었다. 중요한 일을 앞에 두고 너무나도 좁은 시야를 가지고 있었던 것이다.

아무래도 업무는 힘들었다. 위에서 결정된 프로젝트였기 때문에 마쓰다 측 담당자도 항상 신경이 곤두서 있었다. 파나소닉 쪽에서도 필사적이었다.

나는 영업소 담당자였지만, 사업부 영업 책임자였던 K는 나에게 사업부와 한몸이 되어 업무를 진행할 것을 지시했다. 고맙게도 시시각각 정보를 전달받았고 업무 과제를 항상 공유했다.

매일 그날의 업무들을 사업부 영업 책임자인 K에게 보고하고는 대책을 협의했다. 과제는 산더미같이 쌓여 있었다. 과제는 설비 투자·상품 개발·사양·시제품 제작·검사 등 다양한 분야에 걸쳐 있어 이를 관리하는 것은 쉬운 일이 아니었다. 항상 100개 항목 정도의 과제가 남아 있을 정도였고, 매일 그 진척 상황을 관리했다. 언제나 밤늦게까지 일했다.

나도 사업부도 최선을 다했다. 사업부제에서는 사업부가 고객에 대한 모든 책임을 진다. '책임을 지는 것은 공장이 아니다'는 것을 K의 업무처리를 통해 강렬하게 체득했다. 그것이 야마시타 사업부의 철학이었다.

파벌을 만들지 말라!

공조 시스템을 담당한 지 1년, 겨우 카 히터를 양산하기에 이르렀다. 모리시타도 슈즈이도 대단히 기뻐했다.

나는 점유율을 한층 더 확대하기 위하여 도전했지만 마쓰다의 상황이 조금 이상했다. 어딘지 들뜨고 어수선한 분위기가 느껴졌던 것이다. 히로시마 영업소장인 모리시타에게 이 상황을 바로 보고했다.

모리시타는 그 당시 주임(가장 하위 직급)이었던 나의 보고를 진지하게 들어 주었다. 나의 보고뿐 아니라 다른 주임급의 보고도 중요하게 생각하는 사람이었지만, 히로시마 영업소의 메인 거래처는 마쓰다였던 만큼 보고를 받자마자 바로 움직였다.

마쓰다의 분위기가 이상했던 이유는 마쓰다 – 포드 – 파나소닉의 합병 회사 설립에 대한 검토가 시작되었기 때문이었다.

그 이후, 모리시타는 마쓰다로부터 합병 검토의 요청을 받게 되어 자동차 에어컨 부서와 파나소닉 본사 사이에서 조정 작업을 하게 되었다. 몇 년 후, 이 회사는 JCS(일본 클라이메이트 시스템즈)라는 이름으로 발족되었다. 1987년 6월의 일이었다. 초대 사장은 도리야마 아키라(鳥山晃)였다.

모리시타 아래에서 일을 한 것은 3년간이었다. 대단히 열정적인 사람이면서 타인에게 감동을 주는 '감동력'을 가진 사람이기도 했다. 매주 월요일에 열리는 아침 조례에서는 언제나 잊지 않고 모두를 격려했다. 나 정도의 젊은 직원들이 중심이 되는 직장 활성화 팀을 만들고는 전권을 부여해 주었다. 저녁에는 이따금씩 회사를 둘러보았다. 이때는 주로 여성 직원들과 대화를 나누었던 것으로 기억한다. 모리시타가 소장으로 재직했던 시절의 츄고쿠 특수기계 영업소는 사기가 높았다. 마치 팀워크의 표본과도 같은 직장이었다고 생각한다. 그 당시, 나는 전국 QC(품질관리) 대회 특수기계 부문에서 우승을 했다. '모리시타 소장의 품질에 대한 노력'이라는 테마였는데, 지금 생각하면 꽤나 이상한 내용이었다. 그것으로 어떻게 우승을 했나 싶다.

이 테마에 몰두하고 있던 어느 연말 즈음에 마쓰다 본사에서 모리시타를 호출했다. 돌아온 그의 안색이 심상치 않았다. 뭔가 큰일이 터졌다고 생각하고 있자니, 바로 전원 집합하라는 명령이 내려왔다.

내용을 들어보니 마쓰다에 납품하고 있던 부품(스위치)에서 불량이 발견되었다는 것이었다.

"오늘 마쓰다의 구매 담당 전무에게 호된 질책을 받았다. 파나소닉에 입사해서 이번만큼 부끄럽고 분했던 적은 없었다. 오늘부터 품질 문제 제로 운동을 시작하겠다. 이번 주 나의 일정은 모두 취소하고 관련 사업부를 방문할 테니 여러분도 전투에 나가는 자세로 임해주기 바란다. 오늘부터 이 회의실은 품질 불량 박멸 프로젝트 팀의 회의실로 지정하겠다."

다음 날부터 모리시타는 정말로 사업부를 돌아보기 시작했다. 제조 부문의 조례에 참석해서 이 이야기를 반복했다. 각 사업부는 임전 태세에 돌입해 히로시마 영업소에 주재원을 파견하여 대응했다. 그야말로 '변죽을 치면 복판이 울린다(과거 파나소닉의 연간 슬로건).'라는 말이 딱 들어맞는 상황이었다.

QC 대회에서 우승한 나에게 모리시타는 식사를 대접했다. 그렇게까지 해 주리라고는 생각지도 못했던 터라 나는 들떠 있었다. 우쭐해진 나머지 모리시타에게 다음과 같은 질문을 했다.

"모리시타 소장님, 일을 할 때 무엇을 가장 중요하게 생각하고 계신가요?"
"사람을 데려가지 않는다는 점이지."

파벌을 만들지 않는다는 의미였다.
실제로 그 이후에 모리시타가 사장이 되었을 때에도 옛 부하들을 이끌고 파벌을 만드는 일 따위는 절대로 하지 않았다.

　야마시타도 마찬가지였다. 그 사람만큼 파벌을 싫어하는 사람은 없을 정도였다. 이것은 '야마시타 학교'에 면면히 흐르고 있는 DNA인지도 모른다.

'면도칼'이라 불리던 남자

JCS 프로젝트가 시작되고 얼마 지나지 않아 야마시타는 향후 파나소닉의 지향점을 정리한 'ACTION-61'을 발표했다.

① 성숙기에 들어간 가전 사업을 정리한다.
② 사업부장에게 수익성을 강하게 요구하여 신상필벌을 추진한다.
③ 인사 교류를 활성화시켜 사업부의 풍토를 바꾼다.
④ 각 사업부의 인재 전출을 승진의 조건으로 한다.

야마시타는 대기업 병에 걸린 파나소닉을 바꾸려고 했던 것이었다. 트렌드를 따라갈 수 없는 공룡에게 미래는 없었다.

파나소닉은 이미 누가 봐도 대기업 병에 시달리고 있었다.

덩치만 비대해져서는 아무 소용이 없다. 이익을 거두고 있는 동안에 구조 개혁을 진행해야 한다. 야마시타의 마음속은 이런 위기감으로 가득했었음에 틀림없다.

쇠퇴 사업에서 성장성이 높은 사업으로 전환한다.

구조 개혁을 할 수 없는 시대에 기업 내의 구조 개혁을 추진해야만 했다. 표면상으로는 수익성이 회복된 것처럼 보였지만, 성숙기에 접어든 가전 사업 대책은 파나소닉에게 큰 부담을 주는 과제였다.

도대체 어떻게 하면 이 과제를 해결할 수 있을까?

이 대책 마련을 위해 야마시타에게 발탁된 사람이 사쿠마(佐久間)였다.

복잡한 문제를 과감하게 해결하는 그의 모습 때문에 영업부 쪽에서는 면도칼이라는 별명으로 통했다. 부하 직원에게도 그런 방식을 요구했다. 사쿠마는 빈틈없이 야무진 분위기를 풍기는 사람이었다.

사쿠마는 가전제품에 편중된 구조를 종합 전자제품으로 전환한다는 그림을 그렸다. 그러던 중, 야마시타는 퇴임하게 되었고 타니이 아키오(谷井昭雄, 1986년 2월~1993년 2월까지 4대 사장 역임) - 사쿠마 체제가 그 뒤를 이어받게 되었다.

타니이 체제에서도 사쿠마는 사실상의 실권을 쥐고 최고의 역량을 발휘했다. 하지만 영업 출신이었기 때문에 제조사의 경영자로는 적합하지 않다는 의견이었다.

파나소닉의 최고경영자 자리에는 제조를 잘 이해하고 있는 타니이가 적합하다는 것으로 결론이 나지 않았을까 생각한다.

**'역모'를 역이용하여 사장을 밀어낸
마쓰시타 마사하루**

나는 새도 떨어뜨린다, 바로 사쿠마를 두고 하는 말이라고 우리 모두는 생각하고 있었다. 하지만 호사다마라고 했던가. 느닷없이 불거진 내셔널 리스 사건의 책임을 지고 면도칼 사쿠마는 홀연히 사직을 하게 되었다.

버블 경제가 붕괴된 후, 오사카의 번화가 미나미에 위치한 요정 '에가와'의 경영자로서 여성 큰손으로 유명하던 오노우에 누이에게 파나소닉의 자회사인 내셔널 리스가 800억 엔을 대출해 준 사건이 발생했다. 오노우에가 오사카 지검에 체포된 후, 그녀에게 '무담보 대출'을 해 준 내셔널 리스의 직원이 업무상 배임 혐의로 체포된 것이다.

내셔널 리스 사건은 명백히 경리 부문의 실수였다. 따라서 경리 책임자가 책임을 지는 것이 마땅했다.
하지만 왜 영업 담당이었던 사쿠마가 책임을 지게 되었을까?

경리 책임자였던 히라타 마사히코가 단순히 강등 처벌로 끝나게 된 이유는 무엇이었을까?

파나소닉의 직원이라면 누구나가 이상하게 생각한 사건이었다.

거기에는 100세의 나이로 사망하기까지 회장으로 재직했던(정확하게는 사망 한 달 전까지) 창업가 멤버 마쓰시타 마사하루(松下正治)의 속셈이 있었다.

그 전부터 고노스케는 마사하루에게 은퇴를 권고하고 있었다. 야마시타를 사장으로 발탁했을 때도 그에게 막대한 공로금(고노스케의 사비)을 지급하며 앞으로 경영에는 일체 관여하지 못하게 하라는 임무를 부여했던 것이다.

하지만 그 임무를 다하지 못하고 사장이 바뀌게 되었다. 그도 그럴 것이 고노스케와 마사하루는 장인과 사위의 관계이다. 집안일은 집안에서 해결해야 하는 법. 야마시타는 그 문제를 회사로 끌어들이지 말아 주었으면 하는 생각을 가지고 있었을 것이다.

야마시타로부터 바통을 넘겨받은 타니이에게 있어서 늙은 마사하루의 존재는 파나소닉의 구조 개혁 추진에 방해만 될 뿐이었다. 이에 타니이는 야마시타로부터 인계받은 임무를 충실하게 수행하고자 했었던 것이다.

물론 마사하루는 자신이 노쇠하다는 것을 인정하려 들지 않았다. 자신의 존재 자체가 방해 요소일 것이라는 생각은 더더욱 없었다. 오히려 고노스케 사망 이후에 창업 가문을 대표하는 존재는 자신뿐이라는 자부심으로 가득했을 것이다. 또한, 장남 마사유키를 최고경영자의 자리에 앉히겠다는 가족들의 염원을 이루기까지 은퇴할 수도 없었다.

그의 이런 생각들로 인하여 가족이었던 고노스케도 곤란해 했다. 따라서 야마시타에게 그 처리를 전부 맡겼던 것이다.

"내가 정확한 판단을 할 수 없는 날이 오면 사퇴할 것을 청해 주게."

예전부터 이런 말을 해왔던 창업자에게 치매 증상이 생기는 바람에 은퇴를 권고했더니, 오히려 불벼락을 맞았다는 웃지 못할 실화도 있다. 노추(老醜)는 자신을 객관적으로 볼 수 없게 되는 순간부터 시작된다.

은퇴 권고를 창업 가문에 대한 역모라고 생각했던 마사하루는 이런 하극상을 보고만 있을 수 없었다. 어떻게 해서든지 타니이를 해고시키겠다는 노인의 고집이 작용했다.

타니이에게 결정타로 작용한 것은 연이어서 발생했던 냉장고 결함 사건이었다.

이것은 제조사로서 변명의 여지가 없었다. 사퇴를 해야 한다면 회장도 함께 책임을 지고 물러나야 했다.

하지만 표적이 되었던 것은 사장인 타니이였다. 이 사건으로 인하여 타니이는 임기 중반에 사장직을 사퇴하게 된다.

경영력과 기술력은 없어도 남을 모략하는 것만은 능숙한 인간이 적지 않다. 고노스케도 그런 마사하루의 본성을 꿰뚫어 보고 있었을 것이다. 회사를 선택할 것인가, 아니면 가족을 선택할 것인가의 갈림길에서는 경영의 신이라는 존재도 한 사람의 인간이었을지 모른다.

사쿠마를 잃게 된 것은 파나소닉에게 커다란 타격이었다. 이것은 그 이후의 혼란스러운 경영 상황을 보면 잘 알 수 있다.

사쿠마가 부사장으로서 계속 보좌를 했었더라면 타니이도 보다 더 좋은 활약을 할 수 있었을 뿐 아니라, 영업 출신의 모리시타가 사장에 오르는 일도 없었을 것이다.

한편, 타니이는 미스터 비디오라는 별명으로 불리며 야마시타의 영재 교육을 받은 사람이었다. 참모로서 사쿠마와 히라타라는 인재도 곁에 있었다. 하지만 끝내 리더십을 발휘하지는 못했다.

고노스케의 사망 이후, 돌연 마쓰시타 마사하루가 적극적으로 나오며 여러 방면에서 자신의 의견을 반영하도록 타니이에게 억지를 부리는 경우가 적지 않았다. 타니이의 입장에서도 창업 가문의 의견을 멋대로 무시할 수는 없었다.

하지만 이러한 그의 생각과 배려심은 파나소닉이라는 공룡을 지휘하는데 있어서는 장애물로 작용했음에 틀림없다. 타니이에게는 파나소닉을 이끌 수 있는 힘이 없었다. 애초부터 사쿠마의 보좌가 있었기에 성립될 수 있었던 정권이었다고 생각한다.

파나소닉의 경영이 가지는 구조적인 문제점은 사업부제가 사업부장을 키울 수는 있어도 회사 전체를 두루 볼 수 있는 최고경영자를 키울 수 없다는 점에 있다.

파나소닉의 사업 영역은 여러 분야에 걸쳐 있다. 에어컨 사업이나 건전지 사업은 설비 산업이다. 타니이가 이끌었던 비디오 사업부의 감각으로는 도저히 이해할 수 없는 분야인 것이다. 카 일렉트로닉스 사업이나 전파 사업도 마찬가지이다.

경영자에게는 시대의 흐름을 파악하고 기술 동향을 읽어 내는 능력이 요구된다. 하지만 타니이가 그런 능력의 소유자였는지에 대해서는 대단히 회의적이다. 오히려 그 적임자는 사쿠마였다고 생각한다.

그런 의미에서 사쿠마의 사임은 타니이와 파나소닉 모두에게 큰 손실이 아닐 수 없었다. 그렇다면 타니이 – 사쿠마 체제는 어떤 비전을 가지고 있었을까?

① 가전에서 가전 이외 분야로의 전환
② 수출과 해외 생산 판매의 강화
③ 신기술에 의한 시장의 선도

이 세 가지 방침을 세웠다. 이와 동시에 유통 개혁도 추진하여 리빙, 시스템, 인더스트리의 3영업본부 체제를 구축했다. 가전 부문에서 인더스트리와 시스템 부문으로 많은 인재들이 이동했다.

그런 와중에 모리시타가 도쿄시스템 영업소 소장으로 발령을 받게 되었다. 우리들 사이에서는 모리시타가 마쓰시타통신공업(당시 파나소닉의 휴대전화 제조 계열사-역주)의 전무이사가 된다는 소문이 돌고 있었기 때문에 실망감이 컸다.

하지만 막상 떠나는 날에는 대리점과 판매점 직원들을 비롯해 수많은 사람이 히로시마 공항으로 배웅을 나왔다. 모리시타의 인덕 덕분이었다. 당시 모리시타는 52세였다.

그로부터 몇 년 후에 그가 사장(1993년 2월~2000년 6월)으로 취임하게 될 것이라고는 본인은 물론이고 그 누구도 예상하지 못했을 것이다.

모리시타의 팬임을 자처했던 나는 모리시타가 어떤 생각, 발언을 하는지 다른 사람 이상으로 관심을 가졌다. 큰 기대감을 가지고 있었기 때문이었다.

내가 본 모리시타는 사장이 되려는 생각은 조금도 없었다. 52세가 될 때까지 파나소닉의 변방 부문인 특수기계 분야의 일개 소장이었던 남자가 그런 야심을 가지고 있을 리가 없었다. 하지만 운명의 장난이었던지 어느 사이엔가 최고경영자로 도약하게 되었다. 보다 정확하게 말한다면 모두 사라진 자리에 모리시타만이 남아있었던 것이다.

기술적인 배경도, 가전 분야에서의 네트워크도 전혀 없었던 모리시타는 오로지 고노스케의 철학에만 의지했다.

"맡기되 맡기지 않는다."를 신조로 했던 모리시타. 파나소닉을 7년 이상이나 필사적으로 지켜내고 나카무라 구니오에게 바통을 넘기게 되었다.

4

파나소닉의 암흑시대

본사 사장의 명령을 듣지 않는 파나소닉 연방 기업군

파나소닉의 암흑시대는
이렇게 시작되었다!

나의 옛 둥지였던 에어컨 사업부가 그랬던 것처럼 가전 분야가 중심이었던 시대에는 사업부장이 제조에서 판매까지의 모든 책임을 지는 구조였다. 사업부장이 고객을 방문하는 것은 너무나 당연한 일이었다.

하지만 가전 분야가 성숙기에 들어가고 B2B가 성장하게 되면서 부품 관련 사업부의 비율이 점점 커지게 되었다. 이것은 사업부장의 '역량 저하'를 초래했다.

대다수 사업부장들이 '고객 제일주의'를 버리고 '공장 제일주의'로 바꾸어 버렸기 때문이다.

고객의 개념이 최종 사용자(User)인 소비자가 아니라 부품을 이용하여 완성품을 제조하는 법인이 되었다. 파나소닉은 소비재가 아니라 생산재와 중간재를 공급하는 회사가 되고 만 것이다.

고노스케조차도 이 부분은 예상할 수 없었던 일이었을 것이다.

파나소닉의 근본 이념인 고객 제일주의를 망각하는 사업부장이

속출할 것을 미처 예상하지 못한 채, 파나소닉의 강령, 신조 7정신 (209 페이지 참조)에는 고객 제일주의를 포함시키지 않았다.

어쨌든 간에 공장을 가장 우선적으로 생각하는 사업부장에게 있어서 고객을 방문한다는 행위는 매우 위험부담이 큰일이었다. 특히 B2B 고객은 상대가 사업부장일 경우에 QCDD(Quality, Cost, Delivery, Development : 품질, 가격, 납기, 개발)에 대하여 매우 높은 수준의 요구를 해왔다.

따라서 고객의 요구를 듣는 일은 언제나 영업소의 몫이었다. 하지만 영업소의 요청을 냉정하게 판단하려 하는 사업부장이 많았다.

그런 상황 속에서 사업부장의 적극적인 지원을 이끌어내는 것이 영업소의 중요한 업무가 되어 버린 것이다.

또한, B2B의 경우에는 아무래도 가장 큰 거래처의 요청이 우선시되는 경향이 있다. 가령 자동차 업계에서는 도요타, 통신 업계에서는 NTT*가 될 것이다. 따라서 사업부장은 도요타나 NTT를 담당하는 영업소의 요청은 바로 수락하지만 그 이외의 고객에게는 기본적으로 부정적인 답변을 하기 마련이다.

즉, 사업부장은 영업소의 능력에 따라서 긍정과 부정의 판단을 하게 되는 것이다. 그렇다면 영업소의 능력이란 무엇일까?

※ NTT : 일본 최대의 통신사업자인 NTT그룹의 지주회사-역주

파나소닉 V자 회복의 진실

① 설득력이 있을 것

② 영업소장과 사업부장이 특별한 관계일 것

③ 사업부에 예산을 지원할 수 있을 것

　결과적으로 유통, 즉 영업에 의존하는 사업부장이 늘어나고 말았다.

　타니이 아키오(谷井昭雄)의 중도 하차 이후, 모리시타 요이치(森下洋一, 1993년 2월~2000년 6월), 나카무라 구니오(中村邦夫, 2000년 6월~2006년 6월) 등 2대에 걸쳐서 영업 출신이 최고경영자가 되었다.

　모리시타 시대에 4분사(分社) 제도를 도입하고 나카무라 시대에 사업부제를 폐지했던 일련의 사건들은 그 이후 사업부장의 역량 저하, 경영력의 약화와 큰 관련이 있다고 생각한다. 파나소닉에게 있어서는 암흑시대라고 밖에 할 수 없는 상황이었다.

✔ 창업가 자제의 실력

다시 내 이야기로 되돌아가겠다. 마쓰다의 에어컨 비즈니스는 순조롭게 진행되어 드디어 합병 회사를 세우기에 이르렀다.

그 회사가 바로 마쓰다, 파나소닉, 포드 이 세 회사의 합병 회사인 JCS(Japan Climate Systems, 일본 클라이메이트 시스템즈)이다. 사장은 마쓰다에서, 전무는 파나소닉에서 파견되었다.

마쓰다 담당이었던 나는 그 업무의 연장으로 JCS의 영업 담당이 되었다.

이때 매우 놀랐던 점이 있다. 파나소닉에서 JCS로 파견된 직원들이 완전히 그 회사의 사람으로 돌변해 있었기 때문이다. 며칠 전까지만 해도 동료였던 사람이 갑자기 태도가 바뀌었다. 아니, 태도가 바뀌었다기보다는 파나소닉에 대한 요구가 매우 까다로워진 것이다.

파견이 될 경우, 철저히 파견 근무처만을 위하여 일을 한다는 철학이 파나소닉에 뿌리 박혀 있다는 말은 들었지만, 이 정도로 돌변할 거라고는 생각하지 못했던 나는 새삼스럽게 놀라고 말았다.

동일한 시기에 마쓰다 - 포드 - 산요전기 3사의 합병 회사도 세워졌다. FMS라고 하는 오디오 회사였는데, 이 회사는 각 회사의 파견직원들이 모회사의 이익을 우선시했다. 이후, JCS는 안정적으로 성장을 하게 되지만 FMS는 파산하는 운명에 처하고 말았다. 파견된 회사에 뼈를 묻겠다는 각오도 없이 항상 모회사만 바라보고 있는 직원들이 가득한 회사가 파산하는 것은 당연한 일일 것이다.

나는 여기에서도 파나소닉의 강한 면모를 엿볼 수 있었다.

합병 회사 설립이라는 쾌거를 거두고 나니 자동차 에어컨 사업의 미래가 열린 것처럼 생각되었다.

그 이유는 요시다가 에어컨 사업부장으로 재직하고 있던 시절에 창업가의 자제인 마쓰시타 마사유키(마쓰시타 마사하루 회장의 장남)가 에어컨 그룹의 수장으로 부임했기 때문이었다. 누구에게도 아첨하지 않는 요시다는 마사유키에게도 동일한 태도를 취했다. 에어컨 실무 쪽에 참견할 수 있는 여지를 두지 않았다.

이때 마쓰시타 마사유키는 자동차 에어컨 부라는 미니 사업부를 만들었다. 도요타를 거래처로 개척하기 위해 마사유키가 직접 움직였음에도 불구하고 안타깝게도 실적으로 이어지지는 못했다.

그 이후, 야마시타는 마사유키(당시 부사장)가 사장으로 부임하는 것을 막기 위하여 노력했다.

"창업자의 손자라는 이유만으로 최고경영자의 자리에 오르는 것이 과연 옳은가?"라며 신랄하게 비판했다. 이것은 언론에서도 대대적으로 보도되었던 적이 있어서 기억하고 있는 독자도 적지 않을 것이다.

냉정하게 보이지만 실은 따뜻한 마음의 소유자였던 야마시타는 마사유키가 에어컨 그룹의 책임자로 있는 동안에 기회를 부여하여 그 경영 능력, 일 처리 능력을 지켜보았던 것이다. 하지만 마사유키는 야마시타의 기대에 전혀 부응하지 못했다.

야마시타의 테스트는 끝나고 말았다.

마쓰시타 마사유키 시절에 요시다가 에어컨 사업부의 책임자였던 것은 정말 행운이었다. 만약 상사의 눈치만 보는 사람이 사업부장의 자리에 있었더라면 창업가 자제의 안색을 살피기에 급급한 나머지 사업부 경영은 엉망이 되어 버렸을 테니까 말이다.

정반대의 리더에게 농락당하다

모리시타가 도쿄로 이동하게 되면서 히로시마 주고쿠 특수기계 영업소에는 그 후임자가 부임하게 되었다.

모리시타 시절에는 소장실의 출입이 자유로웠다. 그만큼 모리시타에게 상의할 일이 많았다. 하지만 새로운 소장은 직원들의 출입을 금지시켰다. 그는 구미(歐美) 기업들과 비슷하게 소장→ 부장 → 과장→ 계장→ 주임으로 이어지는 보고 라인을 엄격하게 지키는 사람이었는지, 그가 상대한 것은 언제나 부, 과장급이었다. 주임이나 일반 사원에게는 눈길도 주지 않고 이름도 익히려 하지 않았다. 같은 영업소장이라도 너무 달랐다.

사람에 따라서 이렇게까지 달라질 수 있다는 것을 실감했다.

나는 슈즈이 – 모리시타로 이어지는 인간미 넘치는 명리더들과 함께 일을 한 덕분에 그것이 당연하다고만 생각했던 것이다.

회사나 부서의 수준을 파악하기 위해서 모든 조직원을 조사할 필요는 없다. 리더 한 명을 확인하면 모든 것을 들여다볼 수 있기 때문이다.

활기가 없는 직장은 반드시 그 리더의 성격도 어둡기 마련이다. 운동선수 기질의 사람이 리더인 곳에서는 필요 이상으로 근성을 강조하며 격려를 통해 사기를 북돋우는 분위기가 된다. 그에 따라서 갑자기 동기 부여가 되는 경우도 있다.

즉, 기업문화는 직원이 만들어가는 것이 아니라 최고경영자가 뿜어내는 파동으로 만들어지는 것이라고 생각한다.

모리시타는 일반 사원, 주임이나 여직원도 함부로 대하지 않았다. 고객과의 관계도 최고 수준이었던 것으로 기억한다. 그 증거로 우리 영업소는 모리시타 시절에 전국 최고 수준의 실적을 거두었다.

그러나 후임 소장은 부장, 과장들을 모아 놓고 "그래서는 영업소의 분위기가 좋아질 수 없다. 공과 사를 구분하지 못하는 사람이다."라며 전임 소장을 비난했다. 착각도 이만저만이 아니었다. 분위기가 나빠지는 것은, 이런 착각부터가 문제의 발단이며, 그 원인은 본인에게 있다는 사실도 모르는 것 같았다. 부하 직원은 상사를 고를 수 없다. 그 피해는 고스란히 부하 직원에게 돌아올 것만 같았다. 불길한 예감이었지만 그대로 적중하고 말았다.

그 이후, 나는 에어컨 영업 이외에도 스위치, 배터리 등의 상품을 담당하게 되었다. 또 영업 이외에도 업무와 기획 부분까지 맡게 되었다.

파나소닉 V자 회복의 진실

담당 영역이 넓어짐에 따라서 나는 부하 직원을 거느리게 되었다. 파나소닉 경영 방침의 변화로 인하여 가전에서 특수기계로 경영 자원이 이동하게 되면서 내 주변에는 일단 신입사원이 배치되었다. 평균 연령이 높았던 직장에 신입사원이 들어오게 된 것이다.

일터에는 갑자기 활기가 넘쳤다. 업무는 아직 부족한 수준이었지만 밝고 활기차고 순수했다. 이 긍정의 3요소가 신입사원의 장점이라고 생각한다. 일은 능숙하게 잘하지 못해도 분위기 메이커가 될 수는 있다. 항상 밝은 사람은 그것만으로도 존재 가치가 있는 것이다(과거의 나와는 정반대이지만).

인재를 키우고 싶다면
유비무환 정신을 버려라!

부하 직원 입장에서 보면 나는 믿음직스럽지 못한 상사였을 것이다. 업무에 대해서 상의를 해도 이런 식으로 말한다.

"생각해 봐."

"더 생각해 봐."

"더욱더 생각해 봐."

이런 말 밖에는 돌아오는 것이 없으니 결국에는 '스스로 해내야 한다'고 포기할 수밖에 없다. 윗사람을 의지할 수 없는 이상 자기 자신이 더 노력해야 한다는 각오를 다졌을 것이다.

인재 육성이란 업무를 맡기고, 해내게 하며, 큰 성과를 올리게 하는 것이다. 나는 있으나 마나 한 상사로 여겨졌다. 부하 직원들에게는 정말로 이상한 상사로 보였을 것이다.

"자신이 해결할 수 있는 것, 할 수 있는 일들은 모두 부하 직원에게 맡기자. 자신이 감당할 수 없는 일만 스스로 해결하자."

그 당시에 내가 마음속에 깊이 새기고 있던 말이었다. 그렇게 하지 않으면 부하 직원의 잠재력은 점점 도출되는 반면, 나 자신의 능력은 점점 퇴화되어 버리기 때문이다.

문제가 발생할 때마다 머리를 싸매고 고민을 거듭한다. 시달리다 못해 철저하게 코너에 몰려서 이제는 틀렸다고 앓는 소리를 해도 아무도 도와주지 않는다.

마침내는 "스스로 해야만 한다."라는 것을 깨닫고 각오를 새로이 한다. 그리고 아이디어를 짜내는 동안에 무엇인가가 머릿속에서 번득인다. 해결책이란 이렇게 탄생되는 것이다.

일일이 지도하며 정답을 알려준다면 인재는 커 나가지 못한다. 아니, 그보다도 정답이라는 것은 없다.

게다가 언제나 상사가 정답을 알려줄 것이라고 기대한다는 것 자체가 이상한 일이다. 지금까지 내가 "이것이 정답이다."라고 생각했던 것이 정답이 아니라 그들이 우연히 생각해 낸 가설이 정답에 가까웠던 적이 아주 많았기 때문이다. 가르치고 있는 것 같지만 실은 내가 가르침을 받고 있는 셈이었다.

상사이건 신입사원이건 철저하게 고민하고 많은 땀과 눈물과 엄청난 양의 지혜를 짜낸 자만이 성장할 수 있다. 사람은 성장시킬 수 없다. 사람은 스스로 성장하는 것이라고 생각한다.

사람은 현장·현물·현실이라는 환경 안에서 성장할 수 있다. 이 환경 속에서야말로 자신을 단련할 수 있는 것이다.

① 맡긴다. 이해할 수 있도록 설명한 후에 맡긴다.
② 문제가 발생하면 일단 현장으로 직행하게 한다.
③ 지혜를 짜내고 철저하게 생각하여 스스로 해결책을 발견하게 한다.

나의 지도법은 거칠고 제멋대로에다 방임주의라고 생각될 수도 있겠지만, 빠른 시간 안에 제구실을 할 수 있도록 하는 데는 최적은 아니더라도 어느 정도 효과가 있다고 자부한다.

그들은 기대에 부응하고, 때로는 기대를 훨씬 넘어서는 결과를 거두었다. 그 덕분에 팀은 점점 강해지게 되었다.

히로시마 주고쿠 특수기계 영업소로 이동한 후에 신입사원을 세 명 받게 되었지만 세 명 모두 부장까지 승진할 수 있었다.

개성 넘치는 직원도 몇 명 있었는데, 모두 활기차게 일을 한 덕분에 한 단계 위로 승진했다. 나의 은밀한 자랑거리는 부하 직원 전원을 승진시켰다는 사실이다.

3대 사장 vs 4대 사장,
너무나 대조적인 두 사람

오디오를 담당하던 시절, 너무나도 파나소닉다운 사건이 있었다.

1990년, 엔고가 일본 경제에 큰 타격을 주었다. 이를 견디지 못한 마쓰다는 터무니없는 가격 인하를 요구해 왔다.

사업부의 반응은 냉담했다. 마쓰다와의 거래는 거의 대부분이 적자 상태였기 때문에 무모한 가격 인하 요구를 들어줄 수 없다고 판단한 것이다.

이때 사업부의 T영업과장이 다음과 같은 발언을 했다.

"마쓰다가 해외에서 고군분투하고 있는 지금, 우리가 온 힘을 다해서 지원해야 한다."

너무나도 파나소닉다운 발언이었다. 나도 전적으로 동감이었기에 그 의견에 찬성했다. 이 이야기를 전하자 마쓰다의 구매 책임자는 대단히 감동했다. 가격 인하 조치에 구매부가 기뻐하는 것은 당연한 일이지만, 단순한 가격 인하 이상으로 그들의 심금을 울렸던 것이다.

그 당시 플라자 합의*로 인하여 1달러당 100엔 이상으로 엔이 치솟게 되었다.

연이어 진행된 루브르 합의**로 엔고 현상은 한층 더 심화되었다. 그 이후에도 점점 더 엔고가 심해지는 바람에 수출 기업들은 매일 지옥 속에서 허덕이는 상황이었다. 자사의 이익만을 생각하지 않고 마쓰다의 사정을 배려해 주는 회사가 있을 줄은 꿈에도 생각하지 못했을 것이다.

히로시마에 근무하던 당시, 야마시타와 타니이가 마쓰다를 방문하게 되어 내가 안내한 적이 있었다.

야마시타는 역으로 마중을 나가는 것조차 거절하고는 비서도 대동하지 않은 채 혼자서 택시를 타고 마쓰다로 향했다. 할 수 없이 나는 마쓰다에서 야마시타와 합류하게 되었는데, 그는 인사가 끝나자마자 바로 돌아가고 말았다. 예정된 공식 방문만을 소화한 것이다. 불필요한 것을 극도로 싫어하는 야마시타다운 행동이었다. 자연스럽고도 분명했다.

참고로 타니이는 비서를 대동했는데 그 비서는 모리였다.

자동차 에어컨 시절의 선배였던 모리는 그다음 사장인 모리시타

※ 플라자 합의 : 1985년 G5의 재무장관들이 외환시장 개입에 의한 달러화 강세를 시정하도록 결의한 조치-역주
※※ 루브르 합의 : 플라자 합의 이후 급속히 하락한 달러화의 가치 하락을 막기 위해 경제 선진 6개국이 프랑스 파리에서 체결한 합의-역주

파나소닉 V자 회복의 진실

의 비서로도 활약했다. 개방적이고 꾸밈이 없으며 잘난 척하지 않아서 모두에게 호감을 주는 사람이었던 모리의 주위에는 자연스럽게 정보를 주거나 고민을 털어놓는 사람들이 모여들었다. 그 덕분에 비서로서는 적임자였던 것이다.

최고경영자의 한 측근에게 들은 말이 있다.

"타니이와 마사하루, 모리시타와 타니이, 마사하루와 모리시타, 나카무라와 모리시타, 나카무라와 오오츠보…… 모두 모리를 통해서 대화하더군. 모리는 정말 고생이 많을 거야."

산요전기, 파나소닉전공(電工), 파나소닉통공(通工) 등 자회사 사장들과의 조정 업무도 모두 모리의 역할이 아니었을까.

어느 날 모리로부터 전화 한 통이 걸려왔다.

"히라카와, 요즘에 파나소닉통공 분위기는 어때?"

"네, 열심히 하고 있습니다."

"그렇군, 그럼 됐어."

"무슨 일이 있으신가요?"

"응. 휴대전화 같은 성장 부문을 맡고 있는 회사이니 열심히 해줘야 하는데."

그렇게 단지 몇 마디를 나누었지만 파나소닉 본사와 파나소닉통공(휴대전화 등의 제조 판매)의 관계가 좋지 않다는 것을 직감적으로 느낄 수 있었다.

파나소닉과 마쓰시타 연방은
전혀 다르다!

사람과 사람 사이에는 담이 생기게 마련이다. 서로 간의 궁합이라는 것이 있기 때문이다. 그것이 회사와 회사 간의 담으로 발전하게 된다.

고노스케는 파나소닉(마쓰시타전기그룹)의 아버지이다. 따라서 그에게는 모든 자회사가 가족 같은 존재였다. 하나같이 사랑스러우니 벽이 존재할 리 없었다. 정신적인 부분뿐 아니라 모든 부분에서 벽이 없는 것이다. 이런 마음 덕분에 공평한 눈으로 경영을 돌볼 수 있었다.

하지만 그 이외의 경영자들은 비록 창업 가문 출신이라고 하더라도 다른 입장이었다. 권력 싸움에서는 더더욱 그러했다. 임원회의에서 사장(타니이 아키오, 1986년 2월~1993년 2월)과 회장(마쓰시타 마사하루, 당시) 사이에 분열이 생겨서야 실적이 좋아질 수가 없었다. 최고경영자들 간에 대립 구도가 생기게 되면 분열되지 않을 임원회의도 자연히 분열되게 된다. 결국, 파벌이 생기고 마는 것이다.

경쟁사, 경쟁국과 싸우기도 전에 사내에서 먼저 싸움이 일어난다면 그만큼의 체력 소모가 발생하는 것은 당연한 일이었다.

타니이는 최고경영자 임기 말년에 스트레스로 인하여 정신이 매우 쇠약해지고 말았다고 한다. 창업 가문을 상대로 싸워 왔기 때문이다.

파나소닉과 고노스케 시절의 '마쓰시타 연방'은 달랐다.

고노스케 시절에는 마쓰시타 계열이 모두 고노스케의 회사였기 때문에 그의 지시에 따르는 것이 당연했다. 오히려 고노스케가 무엇을 원하고 있는지, 어느 방향을 바라보고 있는지를 헤아려서 재빨리 행동에 옮길 정도였다.

마쓰시타 연방 경영이란 고노스케가 소위 대통령이었기 때문에 성립할 수 있었던 체제이자 경영이었다.

하지만 파나소닉은 언제까지나 고노스케 혼자만의 것일 수는 없다. 창업자, 창업 가문이라고 할지라도 시간이 지남에 따라서 주주로서의 발언권만이 남게 된다. 자본과 경영의 분리를 생각하면 당연한 일이다.

현재의 '파나소닉주식회사'의 모체는 구 마쓰시타전기이지만, 구 마쓰시타전공은 상품 라인업을 이유로 자신들이 마쓰시타의 본가라고 주장하고 있었다. 자신들이야말로 파나소닉의 보수 주류라며 회사 안팎에서 공언했다. 당시의 마쓰시타그룹 직원들도 그렇게 생각하고 있었다.

2003년 말에 그 마쓰시타전공이 구 마쓰시타전기의 자회사가 되기까지 두 회사는 서로 독자 전략을 펼치며 사업을 전개해 왔던 것이다.

M자와 화살로 이루어진 CI도 구 마쓰시타전공은 1920년에 제정하여 구 마쓰시타전기보다 그 역사가 길다(구 마쓰시타전기는 1943년에 소나무 잎 세 개와 화살을 조합한 CI를 제정). 마쓰시타전기는 2008년 10월 1일부로 사명을 '파나소닉'으로 변경하고 마쓰시타그룹 전체의 CI 또한 'Panasonic' 로고로 변경되었다.

여기에는 이 심볼로 전 세계 30만 명의 직원을 하나로 결속시키겠다는 의도가 있었지만, 창업자인 고노스케가 고안하고 구 마쓰시타전공이 이어받은 전통은 사라지고 말았다.

구 마쓰시타전공은 구 마쓰시타전기의 의견에 귀를 기울일 필요가 없었다. 다른 관련 회사들도 마찬가지였다.

고노스케는 "전공에는 잘 안 가시네요?"라는 질문에 언제나 "니와(丹羽) 군이 있으니까(괜찮네)."라고 대답했다고 한다.

고노스케는 파나소닉의 보수 주류라고 할 수 있는 파나소닉전공의 경영을 전적으로 니와에게 일임했다. 물론 니와는 반드시 전달해야 할 사항에 대해서는 상의를 하거나 차를 마시면서 자연스럽게 보고했을 것이다. 고노스케는 그의 이러한 판단력을 보고 모든 것을 맡길 수 있다고 인정하지 않았을까.

자칭 '측근'이라고 하는 수많은 사람 중에서 니와는 진정한 측근 중의 측근이었다. 새로운 사업을 시작할 때 고노스케는 반드시 니와에게 상의를 했던 것이다.

2차 세계대전 후 노조가 생기고 노동자의 권리를 인정받는 시대가 되었을 때 "자네와 나는 봉건(제도)으로 남아 있자."라고 말한 상대였고, 말년의 대사업이었던 마쓰시타 정경숙*을 설립했을 때도 니와를 부숙장(副塾長) 자리에 임명했다. 다시 말해 고노스케가 전폭적으로 신뢰했던 사람, 그가 바로 니와였다.

그런 니와에게 고노스케라는 인물에 대해서 물었던 적이 있었다. "실패는 자신의 잘못이다. 성공은 운이 좋았기 때문이다. 철저하게 이런 생각을 하는 분이었습니다."라고 그는 망설임 없이 대답했다.

대부분 성공하면 '내 덕이고 실패하면 남 탓이다.' 타이밍이 나빴다, 기획이 잘못했다, 영업이 잘못했다, 공장이 잘못했다 라며 책임을 전가하는 경우가 많다. 하지만 고노스케는 절대로 그렇게 하지 않았다. 대처가 늦어지기 때문이다. 특히 클레임 처리 같은 경우에는 전광석화와 같이 대응하지 않으면 돌이킬 수 없는 실패로 연결될 수도 있다.

서로 영업이 나쁘다, 공장이 나쁘다고 주장한다면 원인 규명에 착수하는 시간도 그만큼 늦어지게 된다. 그것이 고객의 신뢰, 사회

※ 마쓰시타 정경숙(松下政經塾) : 마쓰시타 코노스케가 1979년에 설립한 정치학교-역주

의 신뢰를 잃는 결과로 이어질 수도 있다. 하지만 만약 자신이 잘못했다고 생각한다면 바로 대응할 수 있다. 이와 같은 초동 대응의 중요성은 아무리 강조해도 지나치지 않을 것이다.

그 사실을 잘 보여주는 것이 2005년 1월, 파나소닉의 석유 난방기로 인한 일산화탄소 중독 사건이었다.

후쿠시마 현의 한 펜션에서 초등학생이 사망하는 사건이 발생했다. 원인은 외부의 공기를 빨아들이는 고무 호스의 균열로 인한 불완전 연소였다. 이때 대응이 늦어졌다. 사고를 발표한 시점이 그해의 4월 하순이었던 것이다.

초동 대응이 늦어진 것이 원인이 되어 그해 11월에 두 명째의 사망자가 발생하고 말았다.

기업 이미지는 땅에 떨어졌다. 리콜과 위험성의 주지를 긴급히 실시하라는 경제산업성의 명령이 내려오고 나서야 나카무라 구니오 사장이 직접 본부장이 되어 대책본부를 설치하고 대응책 마련에 나섰다.

'14~20년 전의 내셔널 FF식 석유 난방기를 찾습니다.'라는 내용의 TV 광고, 신문 전면 광고를 실시했다. 그에 더하여 '5만 엔으로 사들이거나 무료 점검 수리를 실시한다.'라는 추가 광고까지 내보내게 되었다. 그 대상이 되는 제품은 25기종 15만 2,000대였다. '마지막 한 대까지 찾아내겠습니다. 몇 년이 걸리더라도 해내겠습니다.'라는 내용을 홈페이지에 고지했다.

연말의 상품 광고를 모조리 중지하고 고지 광고로 교체했으며,

6,000만 건의 DM 발송, TV, 라디오, 신문 고지까지 실시했다. 2006년 3월의 결산에서는 대책에 투입된 비용으로 249억 엔(한화 약 2,600억 원-역주)이 계상되었다.

덩치가 커지면 커질수록 말단의 사정을 파악하기는 힘들다.

공룡은 자신의 꼬리에 불이 붙어도 알아채지 못한다. 하지만 어느 시대에도 사건은 현장에서 일어나게 마련이다.

다시 반복하자면 구 마쓰시타전공은 구 마쓰시다전기의 의견에 귀를 기울일 필요가 없었다. 다른 관련 회사도 마찬가지였다.

경영이 순조롭고 이익을 정상적으로 거두고 있는 상황이라면 다른 그룹과의 연계 따위는 필요하지 않다. 덕분에 고노스케는 개성 있는 수많은 경영자를 키워낼 수 있었다.

마쓰시타전공의 니와 마사하루를 필두로 하여 일본 빅터, 마쓰시타정기(精機), 마쓰시타전송, 미야타공업, 규슈마쓰시타, 마쓰시타고토부키전공에 이르기까지, 이들 모두는 파나소닉(구 마쓰시타전기)보다도 이익률이 높았고 자주 경영(自主經營)에 대하여 고노스케의 인정을 받았던 기업들이었다.

마쓰시타고토부키전공은 이나이 다카요시의 산하에 있어서 손을 댈 수 없었다. 규슈마쓰시타는 다카하시 아라타로 회장의 산하에 있었고, 마쓰시타무역, 마쓰시타통신공업은 마쓰시타 마사하루의 직계였다.

올 파나소닉(All Panasonic) 체제로 총력을 발휘할 수 있었던 것은 창업자인 고노스케뿐이었던 것이다.

하지만 파나소닉(구 마쓰시타전기)은 성숙 분야인 가전 중심이었기 때문에 앞으로의 전망이 어두웠다. 성장 분야에 투자하려고 해도 그 분야들이 마쓰시타통신공업, 규슈마쓰시타, 마쓰시타전공의 사업 분야와 겹칠 경우에는 말을 꺼내기 어려웠다. 휴대전화 시장은 TV, PC 등의 기술이 필요한 시장으로서 각 회사들도 뛰어들고 싶어하는 분야였을 것이다.

물론 파나소닉 본사도 이 사업 영역에서 수위를 차지하기 원했다. 하지만 마쓰시타통신공업은 파나소닉 본사의 통제하에 들어가는 것을 꺼렸다. 이래서는 파나소닉의 미래를 위한 성장 전략도 전체 전략도 세울 수 없는 것이 아닐까.

연방제, 사업부제는 경쟁력이라는 면에서도 장애물로 작용했다. 한 예를 들자면 파나소닉전공의 제품을 판매할 경우, 파나소닉 본사 비용, 파나소닉전공 본사 비용, 파나소닉 본사 유통비, 파나소닉전공 유통비와 같이 사내의 관리 비용이 중복 계상되는 바람에 경쟁력이 현저하게 떨어졌기 때문이다.

최악의 M&A를 결단한 마쓰시타 마사하루

이때 파나소닉 본사는 MCA 인수 건으로 한껏 들떠 있었다. 버블의 극치라고 할 수 있는 상황이었다.

MCA는 미국을 대표하는 영화사이다. 소프트웨어 비즈니스를 본격적으로 전개하게 되면 AV(Audio Visual, 음향 및 영상) 사업을 지원할 수 있고 무엇보다도 제조업 중심의 기업 문화에 새 바람을 가져올 수 있을 것이라고 파나소닉 내부에서도 크게 기대하는 분위기였다. 하지만 그와 동시에 고노스케식 경영 방침과의 결별을 의미하는 것이기도 했다.

인수에 대한 기본적 합의가 이루어진 것은 1990년 11월이었다. 인수금액은 61억 달러(당시 기준으로 약 7,800억 엔)였다.

"금액의 많고 적음은 중요하지 않다. 향후 사업 전개의 청사진을 어떻게 그릴 것이냐가 중요하다."

타니이 아키오 사장은 기자회견에서 이렇게 말했지만, 그 당시 일본 기업의 해외 기업 인수 사례 중에서는 사상 최고의 금액이었다. '소프트웨어로 승부하는 이 시대에 하드웨어 사업만으로는 주도권을 잡지 못하니 소니에게 뒤처질 수밖에 없다.'라는 위기의식이 항상 존재했다.

당시 파나소닉은 무부채 경영으로 도요타와 함께 마쓰시타은행, 도요타은행이라고 불리며 내부 보유액이 2조 엔을 넘어서고 있었다. 일개 사원의 입장에서 봐도 미국 제일의 영화사 인수는 놀라움과 희망을 느낄 수 있는 사건이었다. 일본의 한 전기회사가 세계적으로 유명한 영화사의 주인이 된다는 것은 앞으로 다양한 분야에서 여러 가지 가능성이 펼쳐질 수 있다는 의미이기도 했기 때문이다.

당시 사쿠마 쇼지 부사장 - 히라타 마사히코 부사장 라인은 최강이었고 '역시 파나소닉의 경영진이다, 앞으로 더욱 기대된다.'라는 생각을 모두가 가지고 있었다.

그 당시의 경영 방침 발표회는 마쓰시타 마사하루가 주재하고 있었다. 어느 날 경영 방침 발표회에 MCA의 루 와서먼(Lew Wasserman) 회장이 참석했다. 자랑스럽게 그를 소개하는 마쓰시타 마사하루의 얼굴은 상기되어 있었다.

"우리의 친구 MCA의 와서먼 회장이 경영 방침 발표회에 참석하기 위해 미국에서 먼 걸음을 하셨습니다."

그렇다, MCA 인수는 타니이 사장이 아니라 회장이었던 마사하루의 의지로 추진되고 있었던 것이다.

그러나 이 인수극은 파나소닉 무부채 경영 신화가 붕괴되는 신호탄이었다.

파나소닉 V자 회복의 진실

그 이후 내셔널리스 사건, 마쓰시타흥산(松下興産)의 불량 채권 문제, 냉장고 결함 문제 등이 차례로 발생하며 재무 체질이 급격하게 약화된 것이다. 버블 경제 붕괴 이후, 주가는 급격히 곤두박질쳤고 시가 총액은 상상 이상으로 하락하고 말았다.

그런 상황이었기 때문에 파나소닉 본사 내부에서는 이제야말로 벌처펀드*의 표적이 될 수도 있다는 위기감이 만연해 있었다.

기업 방위 대책에 대하여 심각한 논의가 이루어졌고 수익성과 주가를 높이기 위한 대책 마련이 파나소닉 본사의 최우선 과제가 되었다. 이 시점부터 구조조정이 불가피하다는 의견이 강하게 대두되었던 것으로 보인다.

이 모든 것은 MCA 인수가 그 원인이었다. 사장으로의 복귀를 심각하게 고려한 고노스케의 입장도 충분히 이해가 되는 상황이었다.

모든 것이 너무 늦어 버렸다. 그럼에도 불구하고 손 쓸 방법이 없었다. 하지만 어리석은 경영은 계속되어 이 사건 이후에 더 큰 고난이 닥치게 되는데, 그야말로 파나소닉 수난의 시기라고 밖에 달리 표현할 방도가 없다.

※ 벌처펀드(vulture fund) : 부실자산이나 부실기업을 싼 값에 인수해 직접 정상화시키거나 상황이 호전되기를 기다려 고가에 되팔아 차익을 내는 기금 또는 회사-역주

✓ 가전과는 인연이 없던
사장이 발탁되다!

　이런 어려운 시기에 모리시타 요이치(1993년 2월~2000년 6월)가 사장의 자리에 올랐다.

　모리시타는 히로시마 주고쿠 특수기계 영업소 시절 나의 상사였던 사람이다. 그 당시 그는 이미 52세였다. 그 이후 인더스트리 본부장으로 이사에 취임한 후 매년 승진을 거듭했던 것이다. 마침내는 가전 담당 전무의 자리에까지 오르게 되었다.

　이사로 취임하기 전까지 가전과는 아무런 인연이 없었던 모리시타가 가전을 담당하게 된 것은 너무나도 이례적인 인사였지만, 그것은 같은 영업 출신이었던 사쿠마 쇼지(부사장)의 힘이 작용했던 것으로 보인다.

　그 당시, 성숙기를 맞이한 가전업계에서는 대규모 전자제품 전문점이 차지하는 비중이 급격히 확대되고 있었다. 하지만 기존의 내셔널 숍(National Shop)을 중심으로 유통을 전개하고 있던 파나소닉은 이 흐름을 타지 못한 채 전자제품 전문점의 비중이 낮은 수준에 머물러 있는 상황이었다. 그야말로 위기였다.

사쿠마는 이 가전 판매의 위기, 전자제품 전문점 문제를 해결할 수 있는 적임자는 지금까지 가전 분야와 관계가 없었던 모리시타라고 판단했을 것이다.

그러나 사쿠마는 내셔널리스 사건의 책임을 지고 회사를 떠나게 되었다. 그 이후에도 모리시타가 차기 사장 후보의 물망에 오를 수 있었던 것은 가전 분야 출신 인물은 파나소닉의 판매 개혁을 추진할 수 없다는 판단이 작용했던 것으로 생각된다.

자, 이제 어떻게 해야 할 것인가?

모리시타는 원점으로 회귀할 것을 주장했다. 다시 말해 고노스케 시대로의 복귀였다. 구체적으로는 경영 이념, 사업 부제, 자주 책임 경영 방침을 철저하게 추진한다는 내용이었다.

모리시타는 고노스케의 철학 중에서도 '맡기되 맡기지 않는다'를 가장 중요하게 생각했다. 이는 사업부장이 경영권을 가지고 있는 자주 책임 경영 체제하에서도 최고경영자는 언제나 임전태세를 취해야 한다는 강력한 리더십을 의미한다. .

모리시타는 사업부가 책임을 다할 것을 강하게 요구했다. 즉, 이익의 확보, 신제품의 지속 개발, 성장 동력의 확보였다. 이러한 사항들을 사업부장에게 강하게 요구한 것이다.

이렇게 가장 기초적이고 착실하면서도 열정적인 노력 덕분에 파나소닉의 수익성은 조금씩이나마 개선되어 나가는 듯 보였다.

하지만 환경은 파나소닉에게 역풍으로 작용했다. 먼저 급격한 엔고 현상이 발목을 잡았다.

　수출 부문의 경영 상황이 악화되기 시작했다. 매출과 이익 유지를 위해서는 해외로 눈을 돌려야 했지만, 사업부제에서는 체계적인 해외 전개가 불가능했다. 힘이 없는 사업부는 해외 공장 건설을 포기할 수밖에 없었던 것이다. 가령 파나소닉통신공업은 휴대전화 사업을 위해 미국 공장 건설을 추진했지만 도중에 단념하고 말았다. 그 이외의 몇몇 가전 사업도 상황은 마찬가지였다.

파나소닉 V자 회복의 진실

✔ 파나소닉은 M&A로 성장했다!

고노스케 시절의 파나소닉을 보면 이 회사만큼 M&A를 통해 성장한 회사도 없을 것이라는 생각이 든다.

어쩌면 고노스케는 일본에서 가장 많은 M&A를 경험한 경영자인지도 모른다.

파나소닉의 M&A 중에서도 가장 잘 알려져 있는 것은 산요전기와 50년 전의 일본 빅터 인수라고 할 수 있다. 특히 후자의 경우는 "(손익계산서, 대차대조표 등의) 서류는 일체 보지 않았네. 강아지 마크*를 보고(인수를) 결정했어."라는 일화가 유명하다

고노스케가 가장 처음으로 진행한 것은 가와키타전기기업사(川北電氣企業社) 인수였다.

독립과 동시에 자신만만하게 시장에 내놓았던 개량 소켓이 실패로 돌아가는 바람에 자금 조달에 어려움을 겪고 있었을 때 선풍기

※ 강아지 마크 : 일본 빅터, 현 JVC 켄우드의 트레이드 마크는 강아지가 죽은 주인의 축음기로 음악을 듣고 있는 영국 화가 프랜시스 배로드의 그림이다.-역주

받침대 부분을 주문해 주었던 회사가 바로 가와키타전기이다. 말하자면 은인 같은 존재였다.

하지만 1929년의 금융 공황으로 경기가 악화되면서 오히려 가와키타전기가 고노스케에게 구원의 손길을 요청해 온 것이다. 이에 고노스케는 즉각적인 지원을 약속했다. 이 회사가 바로 마쓰시타정공(현재의 파나소닉 에코시스템즈)의 전신이다.

M&A에는 적대적 M&A가 있는가 하면 화이트나이트(White Knight)라고 하는 우호적 M&A도 존재한다.

"적대적 M&A가 잘 될 리가 없다."라는 것이 고노스케의 신념이었던 만큼, 그는 무리한 M&A를 절대로 진행하지 않았다. 하지만 불황으로 인해 자금 조달에 어려움을 겪는 경영자는 "우리 회사를 인수해 달라."며 스스로 제안을 해 왔고, 금융기관 쪽에서도 대출을 실시한 기업의 파산을 막기 위해 재무 구조가 튼튼한 회사에 떠넘기려고 했다. 고노스케에게도 그와 관련한 수많은 제안이 들어왔다.

사실 "그건 실패였어."라고 털어놓은 안건도 많았다고 하는데, 그런 불리한 케이스는 역사에 남지 않는 법이다.

가와키타전기나 일본 빅터 이외에도 불경기 때마다 수많은 회사를 차례차례 인수해 나갔다. 바로 떠오르는 것만 해도 마쓰시타고토부키전공, 나카가와냉기(冷機), 미야타공업, 코모리건전지, 아사히건전지, 도호전기 등이 있다. 여기서의 공통점은 고노스케가 스스로 원해서 인수했던 회사는 단 한 군데도 없다는 것이다.

사업의 시작은 배선기구 제조업이었지만 M&A 덕분에 자전거 램프, 자전거, 건전지, 냉장고, 더 나아가서는 그 시대의 총아였던 라디오 부문으로까지 사업 영역을 확대해 나갔다. 그 당시의 라디오는 요즘으로 말하면 플라즈마 TV나 iPhone, iPad와 같은 위치였다. 요즘의 애플을 인수한 것이나 마찬가지였다.

M&A로 손에 넣을 수 있는 것에는 여러 가지가 있다. 본사 빌딩이나 공장과 같은 부동산을 비롯하여 관련 사업과 그 기술, 제품도 있다. 직원, 판매망, 거래처, 그리고 브랜드 같은 무형의 자산도 중요한 부분일 것이다.

일본 빅터의 경우, 고노스케는 "간단하게 인수할 수는 없다."라고 말하며 '강아지 마크'라는 브랜드 가치를 높이 평가하여 지원을 결정했다. 그만큼 빅터의 성장성을 확신하고 있었다고도 볼 수 있고, 혹시라도 미국 RCA*가 인수하게 될 경우에는 기술과 품질이 뛰어난 미국 기업들이 일본 시장으로 일시에 쏟아져 들어올 수 있을 것이라는 위기감도 작용했을 것이다.

전략적 사고가 가능한 경영자에게 있어서 M&A란 공격과 방어 모두에 활용할 수 있는 경영 수법인 것이다.

※ RCA(Radio Corporation of America) :1986년 GE에 인수된 미국의 전자업체-역주

✓ 파나소닉 M&A의 법칙

M&A의 또 한 가지 장점은 경영력 강화라고 할 수 있다. 매각되는 회사는 매각하는 회사보다 경영력이 약하다. 기술과 연구 개발 면에서 아무리 우수한 회사라고 하더라도 종합적인 경영력 면에서 뒤처져 있기 때문에 매각을 당하게 되는 것이다.

> "우리 회사는 직원 하나하나는 평범하지만 팀워크가 좋아. 경영자를 중심으로 하나로 뭉칠 수 있으니 뛰어난 직원을 거느리고도 뭉치지 못하는 회사보다 강한 것이지."

고노스케는 과거에 이런 말을 한 적이 있었다. 본래 조직이란 평범한 사람들을 모아서 비범한 성과를 올리는 곳인데, 대부분의 경우, 특히 일류나 초일류 인재들이 많이 모여 있는 회사에서는 서로 자기 주장만을 내세우며 협조하려 하지 않는 경우가 많다. 사공이 많으면 배가 산으로 간다는 옛 속담 그대로이다.

"한 마리의 사자가 이끄는 100마리의 양들은 한 마리의 양이 이끄는 100마리의 사자를 이긴다."라는 나폴레옹의 말도 일리가 있다고 생각한다.

파나소닉의 M&A는 고노스케의 개인적인 관계로 인해 진행된 경우가 대부분이었다. 전략적인 M&A와는 그 성격부터가 달랐다.

하지만 결과적으로 보면 그렇게 진행되었던 M&A 모두가 큰 성과로 이어졌다. 오카다건전지, 도호전기, 나카가와냉기 등 그 대부분이 오늘날의 중심 사업 분야로 자리 잡은 것이다.

고노스케식 M&A를 정리해 보면 고노스케만의 법칙을 알 수 있다. 그 내용은 다음과 같다.

① 신용할 수 있는 회사일 것
② 향후에 큰 가능성이 있는 기술이나 인재를 보유한 회사일 것
③ 경영은 파나소닉이 파견한 직원이 담당할 것
④ 경영 이념을 공유할 것
⑤ 자기 책임 경영을 실시할 것

고노스케 이후, 두 번의 M&A 실패가 파나소닉 전체를 뒤흔들었다. 그 하나는 앞에서 언급했던 MCA(1990년) 인수였다.

이것은 도저히 고용 사장이 결단할 수 있는 수준이 아니었다. 이 안건을 강하게 추진한 것은 당시 회장이었던 마쓰시타 마사하루였

음이 틀림없다.

또 하나는 산요전기의 인수였다. 2008년, 재계와 스미토모은행의 의뢰에 의해 결정된 이 인수 역시 재계에서의 나카무라 구니오 개인의 명예를 우선시한 결정에 지나지 않는다고 생각한다.

2008년 3월, 베어스턴스*의 파산으로 촉발된 금융 위기는 그때까지 전성기를 구가하고 있던 헤지펀드**에 위기를 초래했다.

결국, 9월에 리먼 쇼크***가 발생하기까지 미국의 거대 투자은행들은 상업은행에게 모두 인수될 수밖에 없었다.

미국 정부의 역대 재무장관들을 배출한 세계 제일의 투자은행 골드만삭스조차도 자금 핍박에 허덕이는 것은 마찬가지였다. 게다가 골드만삭스는 도산하기 일보 직전이었던 산요전기의 대주주이기도 했다. 따라서 어떻게 해서든 이 기업을 현금화시킬 필요가 있었지만 동종 타사 중에는 인수할 만한 여력을 가진 곳이 없었다.

인수가 가능한 곳은 오직 파나소닉뿐이었다. 고노스케의 처남이 창업한 산요전기를 같은 카도마(門真) · 모리구치(守口)* 마을의 주

※ 베어스턴스(Bear Stearns) : 미국 월가의 5대 투자은행 중 하나였으나, 2007년 미국 서브프라임 모기지 사태로 부도를 맞고 2008년 JP모건체이스 은행에 인수된다.-역주

※※ 헤지펀드(Hedge Fund) : 소수의 투자자로부터 자금을 모집하여 운영하는 일종의 사모펀드로, 시장 상황에 개의치 않고 절대 수익을 추구한다.-역주

※※※ 리먼 쇼크 : 베어스턴스 파산 이후 6개월간 잠잠한 듯하다가, 9월 리먼브라더스가 파산한다. 리먼브라더스 파산은 미국 역사상 최대 규모의 기업 파산으로, 월가의 신용으로 전 세계 기관, 개인들로부터 차입한 금액을 갚지 못하면서 전 세계 동반 부실이라는 도미노 현상을 몰고 왔다.-역주

　　　　　　　　　　　　　　　　　파나소닉 V자 회복의 진실

민으로서 가깝고도 먼 관계인 파나소닉이 인수하게 된 것에는 이 두 회사와 창업 시절부터 인연이 있었던 대주주, 미쓰이스미토모 파이낸셜 그룹의 설득이 결정적으로 작용했던 것이 아닐까.

※ 카도마시(門真市)와 모리구치시(守口市)는 파나소닉과 산요전기의 본사 소재지. 두 도시는 바로 인접해 있다.-역주

산요전기 인수의 진실

항간에는 어떤 소문이 떠돌고 있었을까?

버블 붕괴 이후 마쓰시타홍산(마쓰시타 가문의 자산운용회사)의 불량 채권 문제로 거슬러 올라가 보자. 이 사건의 해결을 위해 미쓰이스 미토모은행이 구제에 나서며 1,000억 엔 이상의 채권을 포기했을 뿐 아니라 그 이후 파나소닉에 대한 마쓰시타 가문의 경영 관여를 약화시키는 결정적인 구실이 되었다.

즉, 나카무라 구니오(당시 회장)는 큰 빚을 지게 되었던 것이다.

그 이후 산요전기의 경영 위기 때에도 미쓰이스미토모은행이 나섰다. 2008년에는 파나소닉의 수익성은 회복되어 다소 여유가 생긴 상황이었다.

이때 나카무라 구니오는 일본 경제단체연합회의 부회장직을 맡고 있었다. 당시 회장은 미타라이 후지오(御手洗 冨士夫, 캐논 회장 · 2006년 5월 24일~2010년 5월 27일), 전임 회장은 오쿠다 히로시(奧田 碩, 당시 도요타자동차 회장 · 2002년 5월 28일~2006년 5월 24일)였다. 이 두 명과 함께 삼자회담을 진행했는데 그 회담의 주선자는 미쓰이스미토모은행이었을 것으로 추측된다.

산요전기의 경영 파탄은 전기업계, 산업계 전반에 큰 영향을 끼치고 있었던 바, 미타라이와 오쿠다는 파나소닉에게 구제를 요청했다. 그 결과 나카무라가 당시 사장이었던 오오츠보 후미오(大平文雄)에게 인수 합병의 검토를 지시했던 것이다.

그 당시의 파나소닉은 나카무라 회장의 섭정에 의한 독재 체제였기 때문에 그에게 거부할 수 있는 임원은 아무도 없었다. 사업부제가 기본이었던 파나소닉은 개별 사업에 대해서는 임원들의 의견개진이 가능했지만, 회사 전체의 안건에 대해서는 손을 댈 수 없었던 것이다. 따라서 합병 검토의 지시는 진행하라는 명령이나 다름없었다. 게다가 회장은 책임을 질 필요가 없으니 책임 소재는 불명확해진다. 그 결과, 인수를 전제로 하여 이야기가 전개되기에 이른다.

결국, 인수는 이미 결정되어 있었던 것이다. 인수를 실행에 옮길 구실 마련을 위한 검토가 진행되었던 것에 불과했다. 그 결과, '에너지 분야가 성장 동력이다. 산요전기의 태양광 전지는 파나소닉의 취약 부분을 보완할 것'이라는 구실이 마련되었다.

그 이후 세부 사업 분야별로 인수를 위한 검토를 진행했다. 그 결과, 에너지 분야는 산요전기가 중심이 되고 파나소닉의 관련 사업이 그에 합류하며, 카 일렉트로닉스는 파나소닉에 산요가 합류한다는 등의 결론이 나왔다.

그러나 바로 그 무렵 중국에서 독점 금지법 위반과 관련한 문제가 발생하여, 그 처리로 인해 합병의 시나리오는 늦어질 대로 늦어지고 만다. 그 상황을 지켜보던 미쓰이스미토모은행, 그리고 빠른 현금화를 원했던 골드만삭스는 매우 초조했을 것이다.

드디어 산요전기의 구조조정은 시작되었고 모리구치에 위치한 본사 사옥도 매각되었다.

결국, 파나소닉은 산요전기의 구조조정을 도와준 셈이었다. 그렇지 않아도 사업을 재편성·재정비하고 있던 파나소닉이 산요전기 인수에서 얻을 수 있는 이득은 아무것도 없었다. 오히려 중복 사업 분야가 너무 많았다. 파나소닉이 보유하지 않았던 유일한 사업은 환경 사업, 즉 태양전지, 축전지 등의 에너지 시스템 분야뿐이었다.

"10년 후 세계 제일의 전기기기 회사로 성장한다.(오오츠보 사장의 훈시)"는 계획을 가지고 있던 파나소닉에게 있어서 오직 그 분야만이 지그소 퍼즐*의 마지막 조각이었던 것이다.

2008년 말, 1주당 131엔이라는 높은 가격으로 인수가 결정되었다. 파나소닉은 우호적 TOB**를 실시했고 산요전기는 2011년 3월 29일에 상장이 폐지되고, 4월 1일부로 파나소닉의 완전 자회사가 되었다.

─────

※ 지그소 퍼즐 : 지그소는 판자 등의 재료를 곡선형으로 다듬는 데에 쓰는 전동 공구로, 지그소 퍼즐은 불규칙한 곡선 모양 조각으로 나누어진 그림을 원래대로 짜 맞추는 놀이이다.-역주
※※ TOB(Take Over Bid) : 주식의 공개 매수를 통한 인수 합병-역주

　　　　　　　　　　　　　　　파나소닉 V자 회복의 진실

MCA와 산요전기 모두 전략을 상실한 인수 합병이었다. 농가성진*, 무전략, 무분별, 우발적인 인수의 결과였다. 결국, 금융기관의 배만 불린 셈이 되었다.

거액의 인수였던 만큼 그 타격 또한 엄청났다. 이 두 건의 M&A에는 고노스케의 규칙이 적용되지 않았다. 이것을 보면 그 당시의 경영진이 얼마나 원칙이 없었고 경영에 집중하지 않았는지를 알 수 있다.

MCA는 소프트웨어라는 매력적인 자산을 보유하고 있었지만 가장 중요한 경영 이념의 공유, 그리고 파나소닉에 의한 경영, 자주 책임 경영의 법칙들을 적용하지 못했다. 또한, 산요전기는 파나소닉이 모든 부담을 떠안는 형태의 인수였기에 애초에 자주 책임 경영과는 상관이 없었다.

※ 농가성진(弄假成眞) : 장난삼아 한 것이 진심으로 한 것같이 됨-역주

5

파나소닉 V자로 부활하다

최악의 위기에 빠진
파나소닉 노스아메리카

나는 마쓰다 담당 과장으로서 순조로운 회사 생활을 하고 있었다. 이대로만 간다면 자동차영업소 부장, 경우에 따라서는 소장이 될 수도 있는 상황이었다.

그러던 어느 날 나는 미국, 즉 파나소닉 노스아메리카(당시 아메리카 마쓰시타전기)로 발령을 받게 되었다.

상사는 나의 미래를 위해서 크게 반대했다.

그때 나의 나이는 40세였다. 미국으로 가게 된다면 장래는 불투명해질 것이 뻔했다. 하지만 그때 나는 모리시타의 이야기를 떠올렸다.

"히라카와, 나는 미국에서 일할 기회가 있다면 반드시 갈 거야."

나는 모리시타의 그 말에 감동을 받은 나머지 언젠가 기회가 있다면 미국에 가서 일하고 싶다는 생각을 가지고 있었던 것이다. 조금 늦어지긴 했지만 풍운의 꿈을 안고 미국으로 향했다.

1995년, 나는 자동차 산업의 고향인 디트로이트에서 일하게 되었다. 마쓰다 담당으로서 나름대로 만족스러운 성과를 거두고 난 후의 미국 부임이었다.

당분간은 미국 시장의 분위기를 파악하며 천천히 움직이려고 생각했지만 예상치도 못했던 엄청난 상황이 나를 기다리고 있었다.

나의 역할은 도요타, 혼다 이외의 일본계 자동차 회사 담당 매니저였다. 다시 말해 마쓰다를 중심으로 닛산, 후지중공업, 미쓰비시 자동차 등 일본 자동차 회사가 직면한 엔고 문제의 해결을 위해서 미국에서 생산한 제품을 고객에게 판매하는 것이었다.

연간 매출 규모는 겨우 40억 엔에 불과했다. 게다가 마쓰다 비즈니스의 종료가 결정되어 있는 상황이었기 때문에 그다음 해에는 20억 엔을 예상하고 있었다. 게다가 불량 재고는 1억 엔 규모에 달했다. 일본에서 수입하는 제품이 고객의 손에 전달되기까지는 두 달의 기간이 소요되었다. 이 기간 동안의 재고를 확보하지 못한다면 간판(看板) 시스템* 대응에 차질이 생기기 때문인지 생산을 중지하지 못했고, 결과적으로 그만큼의 불량 재고를 끌어안게 된 것이었다.

더욱 심각했던 것은 엔고 문제 해결을 위한 고객과의 가격 협상에서 파나소닉 노스아메리카의 마진을 줄이는 것으로 결론이 나는 바람에 야기된 엄청난 적자였다.

※ 간판(看板) 시스템 : 필요한 때에 필요한 만큼의 부품을 확보하여 중간 재고를 최소한으로 줄이는 일본의 대표적 생산 방식. 적기 수급을 뜻하는 'JIT(Just In Time)'로 널리 알려져 있다. 일본에서는 통상 간판 방식(看板方式), 미국을 비롯한 구미에서는 도요타 생산 방식이라는 뜻의 TPS로 부른다.-역주

파나소닉 V자 회복의 진실

이곳에서도 사업부별로 차이가 있었다. 닛산자동차는 주로 AVC사*에서 납품을 하고 있었지만 미국에는 거점이 없었다. 파나소닉 통공(通工)은 미국에 거점을 가지고 있었지만 도요타, 혼다만을 상대하기에도 벅찬 상황이었다. 컴프레서 사업부는 가정용 공장이 있었기 때문에 거점으로 삼을 수 있는 가능성이 있었다.

나는 닛산에 대해서는 AVC사에서 파나소닉통공으로 바꾸어 영업 활동을 개시하기로 하고, 일본의 닛산 담당, 일본 AVC사, 미국 파나소닉통공, 일본 파나소닉통공 사이에서 업무를 진행했다. 말은 간단하지만 너무나도 복잡했다. 마치 잔뜩 엉킨 실을 풀어나가는 것과도 같은 일이었다.

※ AVC사 : 영상기기, AVC 기기를 제조, 판매하는 파나소닉의 관계사-역주

✔ 산적한 과제들

나는 부임하자마자 엄청난 과제에 직면했다. 미국의 분위기를 파악한다는 등 태평한 소리를 하고 있을 시간 따위는 없었다.

바로 눈앞에 닥친 위기를 해결해야만 했기 때문이다. 전체 상황을 파악해 보니 다음과 같은 문제들이 있었다.

① 적자
② 대량의 재고
③ 대량의 불량 재고
④ 납기 문제의 빈발
④ 품질 문제의 빈발
⑤ 해이한 근무 태도
⑥ 전략 없이 그날그날 진행되는 업무
⑦ 최악의 고객 관계

파나소닉 안에서도 실적이 좋지 않은 부문들은 어느 곳이나 비슷한 증상에 시달리고 있었다.

다시 말해 자주 책임 의식이 낮고 담당 사업부가 소극적이다. 또한, 자기들의 업무는 공장의 문제를 고객에게 떠넘기는 것이라고 착각하고 있었다.

나는 이러한 경우의 해결책을 알고 있었다.

① 출혈을 막는다.
② 고객과의 대화를 통해 근본적인 문제를 해결한다.
③ 사업부와 충분히 대화하여 지원책을 얻어낸다.
④ 체제를 재정립한다.
⑤ 불량 직원을 재배치 혹은 해고한다.
⑥ 오른팔의 역할을 할 수 있는 인재를 발굴, 그 인물을 중심으로 조직을 개편한다.
⑦ 큰 목표를 발표한다.
⑧ 큰 목표를 달성할 수 있는 전략을 세운다.

이번에도 이 수순을 통해 담당 부문을 개혁해 나가기로 했다. 그때 세지마 류조*의 말을 노트에 적어 놓고 바라보곤 했다.

─────

※ 세지마 류조(瀬島龍三) : 일본의 군인이자 실업가. 나카소네 전 수상의 고문을 비롯한 수많은 요직에서 일본 정치, 경제계에 큰 영향력을 발휘했다.-역주

경영이란 무엇인가?

① 목적을 정하고 그 목적 달성을 위한 방법을 찾아내어 실행하는 것
② 적재적소에 인원을 배치하고 팀워크를 발휘하게 하는 것
③ 어떤 사태가 닥쳐도 신속하게 총력을 발휘할 수 있는 기동력을
　확보하는 것

모든 것을 동시에 해결하려 하다가는 오히려 어느 것 하나도 제대로 해결하지 못하는 경우가 많다. 이에 수많은 방침을 집약해서 다음의 세 가지 내용을 발표했다.

① 거대 적자의 해소
② 불량 재고의 해소
③ 성장 전략의 수립과 실행

이것이 정녕 파나소닉 노스아메리카란 말인가.

이런 심각한 상황에 처해 있으면서 어떻게 파나소닉이라고 자부할 수 있을까. 썩어도 준치, 썩어도 대기업이라는 것인가. 그러나 한편으로는 이런 상황을 해결하기 위해 내가 필요한 것이라고 생각하니 한결 마음이 정리되었다. 좌절감에 어찌할 바를 몰랐던 신입사원 시절과는 달랐다.

하지만 약소 팀을 도와 주려고 하는 사업부는 없었다. 우리 멤버는 닛산, 스바루, 미쓰비시를 담당하는 일본인이 한 명, 미국인 영업직원이 두 명, 업무 담당이 두 명이었다. 상사는 LA에 한 명, 디트로이트에 한 명이었다.

공교롭게도 이곳은 일본이 아니다. 제도상의 제약과 한계가 존재하는 것이 당연했다. 내가 할 수 있는 것은 오직 눈앞에 닥친 문제를 하나하나 정확하게 그리고 재빠르게 해결해 나가는 것뿐이었다.

파나소닉
노스아메리카의 광명

　사업부제란 사업부장이 고객 제일이라는 기본 신념을 가지고 자주 책임 정신으로 제조에서 판매까지 일관되게 경영하는 체제를 의미한다.

　하지만 이 '고객 제일주의'에 기반하여 제조에서 판매까지 일관되게 경영한다는 정신이 사라진다면 사업부제는 붕괴되고 만다. 그 실체는 '파나소닉'이라는 간판에만 의지하는 공장장과 상사(商社)의 오합지졸에 지나지 않게 된다. 일본에서 멀리 떨어진 미국이라는 장소, 고객에게 책임을 지려 하지 않는 사업부, 자신들의 사정만을 생각하는 영업. 파나소닉의 앞날은 이런 모습이 아닐까 하는 걱정도 했었다. 그러나 그런 것들은 경영진이 해결해야 할 일이다. 지금 나에게 주어진 일은 따로 있었다.

　우선 일본 측과 함께 수·발주 관리의 개선에 착수했다. 불량 재고가 발생하지 않도록 그날그날의 변동 상황을 생산에 반영해 나갔다. 물류에 두 달이 걸린다고 해도 매일의 변동 상황을 생산에 직결시킨다면 재고의 증가는 막을 수 있을 것이라 생각했다. 다행히도 이 방법이 효과를 거두어 재고는 더 이상 늘어나지 않고 안정적으로 일정량을 유지할 수 있게 되었다.

다음은 늘어난 불량 재고 문제를 해소해야 했다. 과거 자동차 에어컨 사업부에서 근무했던 당시, 불량 재고로 인해 골치를 썩는 일이 많았다. 나는 그때의 경험을 통해서 상품을 분해하는 방법이 해결책이 될 수 있다는 것을 알고 있었다.

그때와 마찬가지로 우선 불량 재고들을 분해해 보기로 했다. 다시 말해 부품을 정리해서 전용 가능한 부품과 전용 불가능한 부품으로 구별해서 처리하는 방법이다.

그다음으로 전용 불가능 부품을 사용하는 나라가 있는지를 조사했다. 그 결과 타이완에서 사용할 수 있다는 것을 발견했다. 게다가 놀랍게도 그곳의 책임자는 나와 아주 친했던 동료가 아닌가. 바로 그에게 전화를 걸었고 60퍼센트 할인한 가격에 전량을 넘기게 되었다. 이것으로 재고 문제가 해소되었다.

다음 문제는 적자였다.

나는 서비스 부품으로 눈을 돌렸다. 이미 판매가 중단되어 버린 서비스 부품이 양산 부품 가격과 동일한 가격으로 설정되어 있었다. 나는 라이벌 회사인 덴소의 가격 체계를 조사해 보았고, 그 결과 서비스 부품은 일반적인 양산 부품 가격의 두세 배로 설정되어 있다는 것을 알 수 있었다. 이에 마쓰다 아메리카의 구매담당에게 가격 변경의 협조 공문을 발송하기로 했다.

"서비스 부품의 가장 중요한 역할은 고객에 대한 공급 책임일 것이다. 서비스 부품은 양산이 종료되어 수작업 체제로 대응하고 있다. 타사의 경우, 마쓰다 측에서도 이미 서비스 부품용 별도 가격 체계를 승인한 바 있다. 이 내용에 회신을 받을 때까지는 제품 공급을 중단하겠다."

대단히 강한 어조였지만 적자를 감수하면서까지 판매를 할 이유는 없었다. 이것으로 거래가 중단된다면 대책은 그때 가서 생각하기로 했다.

그보다 중요한 것은 언제나 적자를 면치 못하는 악순환의 고리를 끊어 내는 것이었다.

"결단을 내려야 할 때가 바로 지금이다."라고 생각했다.

그러자 바로 반응이 왔다. 마쓰다 아메리카의 미국인 구매 책임자로부터 호출이 있었던 것이다.

"이렇게 갑작스러운 요구는 받아들일 수 없소. 철회하시오. 그렇지 않으면 앞으로 거래를 중단하겠소!"

최악의 사태였다. 그러나 이런 반응은 어느 나라에서도 자주 볼 수 있는 일이다. 점잖고 공손한 일본인만 그렇게 하지 않을 뿐이다. 다행히 어떤 결과로 이어지더라도 내가 잃을 것은 없었다. 이 사실이 가장 큰 강점이었다. 영어도 잘하지 못했다. '블러프(Bluff, 엄포)'의 의미도 몰랐으니 쇠귀에 경 읽기나 마찬가지였다.

결국, 가격의 두 배 인상에 성공했고 이 덕분에 적자에서 흑자로 전환되었다.

나는 그로부터 10년 동안 미국에서 악전고투하며 대단히 밀도 있는 날들을 보냈지만, 그 이야기만으로도 책 한 권은 족히 될 만한 분량이기 때문에 여기에서는 생략하기로 하고 파나소닉 이야기로 다시 돌아가도록 하겠다.

일본에 돌아왔으나 '자리'가 없다!

10년간의 미국 근무를 마치고 나는 드디어 일본으로 돌아오게 되었다. 하지만 이때 내가 놓치고 있었던 것에 대한 대가를 치르게 되었다. 일본 국내의 내 자리가 마련되어 있지 않았던 것이다.

미국에서 꽤 좋은 실적을 거두었다고 자부하던 나였지만 파나소닉 직원이라면 절대로 잊어서는 안 될 중요한 포인트를 잊고 있었다. 바로 본사(본사의 관련 임원 등)에 긴밀히 보고하는 것이었다.

나는 나 자신을 과도하게 드러내는 것을 좋아하지 않았고(서툴렀고) 그런 행동이 부끄럽다고 생각했기 때문에 하지 않았다(할 수 없었다).

그러나 보고를 게을리하는 것은 파나소닉에서는 치명타였다. 보고를 하지 않으면 그 누구도 성과를 기억해 주지 않기 때문이다.

실제로 미국에서 내가 거두었던 성과는 파나소닉 본사에서 어떤 평가도 받지 못했다. 나는 없는 존재나 마찬가지였다. 지금까지의 고민, 고생, 나의 인생이 어딘가로 사라져 버린 것이나 다름이 없었다. 너무나도 허탈하기 짝이 없는 경험이었다.

게다가 시기도 좋지 않았다. 모리시타 요이치(1993년 2월~2000년 6월)가 퇴임하고 나카무라 구니오(2000년 6월~2006년 6월)가 새로운 사장으로 부임하고 난 후였다.

나카무라는 미국 근무 시절, 파나소닉 노스아메리카의 사장을 거쳐서 미주 본부장 겸 미국 마쓰시타전기의 회장을 역임한 바 있다. 그 당시의 부하였던 기타다이 코시라는 직원이 있었다.

기타다이는 그때에 이미 파나소닉이 안고 있는 문제의 본질을 꿰뚫고 있었다. 우리 부하 직원들에게도 이대로 나간다면 파나소닉은 망할 수밖에 없다고 단언했다. 사업부제만을 고집해서는 안 된다, 현재의 체제를 근본부터 다시 검토해야만 한다며 열변을 토했다. 경영 간부 중에 이렇게 대담한 전략을 가진 사람이 있다는 것에서 파나소닉의 저력을 느끼기도 했었다.

이것은 나의 추측에 지나지 않지만 기타다이는 파나소닉이 직면한 문제의 해결책을 나카무라에게 제안하지 않았을까? 모리시타와 나카무라 모두 영업 출신이었다. 2대에 걸쳐서 영업 출신이 사장의 자리에 오르게 된 이유는 결단력이 부족한 사업부장의 역량 저하를 피부로 느꼈기 때문이었을 것이다.

모리시타가 나카무라를 사장으로 선택한 최대의 목적은 사업부 개혁이었다.

'고노스케 신화'의 파괴자, 그 이상과 현실

나카무라 구니오의 파나소닉 개혁은 막 시작되고 있었다.

그의 개혁을 한마디로 표현하자면 파괴, 파괴, 파괴였다. 사업부 제의 파괴, 인사 제도의 파괴, 복리후생의 파괴…… 경박한 언론들 은 그를 '고노스케 신화의 파괴자'로 명명하고 치켜세우기에 바빴 다.

그 표현 속에는 고노스케의 경영법은 구시대의 산물이며 파나소 닉은 과거의 '신화'에 얽매여 어느 회사에서나 실시하는 구조조정 조차도 할 수 없다는 조롱의 의미가 포함되어 있었다.

'고노스케 신화'란 하마구치 오사치* 내각의 금 수출해금**에 의 해 야기된 쇼와 금융공황(1930년) 시절에 벌어진 일이다. 그 당시 이

※ 하마구치 오사치(浜口雄幸, 1870~1931) : 대장성 대신, 내무성 대신, 내각 총리대신 등을 역임
  한 일본의 정치가-역주
※※ 금 수출해금 : 금 수출입을 금지하던 국가가 규제를 해제하는 일-역주

우에 도시오를 비롯한 경영 간부들이 입원 중이던 고노스케의 병문안을 간 일이 있었다. 직원 300명 중 60명의 해고자 리스트에 대하여 상의를 하는 것이 그 목적이었다.

'대학은 졸업했지만'이 유행어가 될 정도로 고학력 난민이 급증했던 시대였다. 도쿄대학교, 교토대학교 졸업생의 불과 30퍼센트만이 일자리를 얻을 수 있었다. 연말까지는 어떻게든 버티려고 했지만 파나소닉도 이미 막다른 골목에 몰려 있는 상황이었다.

"제품 판매가 반으로 줄어들었으니 생산도 반, 직원도 반으로 줄여야 합니다."

한참을 생각한 후, 고노스케는 다음과 같은 말을 꺼냈다.

"좋아, 이렇게 하지. 한 명도 해고하지 않겠네."

"……."

"공장은 바로 조업을 반으로 줄이게. 하지만 일당은 전액 지급하게. 그 대신 모두 휴일을 반납하고 온 힘을 다해서 재고를 팔게."

임원들은 바로 회사로 돌아가서 모두에게 그 말을 전했다.

해고되지 않는다는 안도감과 감사의 마음이 직원들의 사기를 높였다. 재고는 두 달 만에 모두 정리되었을 뿐 아니라 오히려 생산을 늘려야 하는 상황이 발생했다. 경기 회복의 계기가 된 것은 오뚝이 재무장관이라 불리던 다카하시 고레키요*의 초양적 완화 정책이었

※ 다카하시 고레키요(高橋是清, 1854~1936) : 일본의 정치가로 제20대 내각 총리대신을 지냈다.-역주

다. 일본은 가장 먼저 금융공황 이전의 GDP 수준을 회복할 수 있었다.

이때 고노스케는 수치적인 근거를 따져보고 있었다고 한다.

"계산해 보니 해고를 안 해도 될 것 같더군. 설마 두 달 만에 끝날 줄은 생각지도 못했지만 말이네. 반년 정도는 걸릴 거라고 생각했지. 하지만 반년 치 월급을 손해 보는 것쯤은 감수할 수 있다고 생각했어."

7~8만 엔의 거래에서 10퍼센트를 할인한다면 7~8천 엔은 손해로 이어질 수밖에 없었다. 거래가 반으로 줄어든다면 손실도 반으로 줄일 수 있다. 고노스케는 무분별한 할인으로 인해 가격 체계가 무너지는 것보다 낫다고 생각한 것이다.

큰 회사에서도 대졸자의 채용을 꺼리는 상황이었지만, 지금이야말로 인재를 확보할 좋은 기회라며 파나소닉은 오히려 그해부터 대졸자 채용을 시작했다.

마쓰시타연방제도(松下聯邦制度)는 고노스케라는 존재가 있었기 때문에 문제없이 운영될 수 있었던 제도였다. 하지만 고노스케가 사라져 버린 파나소닉에서는 그 누구도 지휘력을 발휘할 수 없는 제도였던 것이다. 따라서 '파괴의 왕 나카무라 신화'는 그 시대의 요구였는지도 모른다.

시기적절한 파괴라고 할 수 있었다. 관계사들은 파나소닉 본사의 의향을 무시했고 장기화된 불황으로 사업부는 피폐해져 있었다. 휴대전화 사업 덕분에 한숨 돌리기는 했지만 앞으로의 전망은 불투명했다. 의기소침해 있는 사업부를 이끌어 나가기 위해서 영업이 나설 수밖에 없었다.

"50세 이상의 직원은 필요 없다!"라는 폭탄이 떨어졌다고는 하지만, 단카이 세대들이 고정비의 큰 부분을 차지했던 것은 사실이었다. 어떤 의미에서는 정리해고가 시기적절한 해결책이었던 것이다.

하지만 정리해고는 남의 일이 아니었다. 바로 내가 해당되었기 때문이다. 당시 51세였던 나는 회사에서 불필요한 존재였다.

또한, 인사 제도 변경이 시작되어 직책과 직급을 분리한다는 발표가 있었다. 즉, 직책과 직급이 연동되던 체제에서 벗어나 능력에 따라 직급 체계를 완전히 재구성하는 제도 개혁을 실시한 것이다.

인사 체계를 뒤흔든 결과, 승진 기준에 혼란이 야기되었다. 그러나 쓰가는 최근에 이 인사 제도도 원래대로 되돌렸다. 역시 대단하다.

나카무라 개혁의 실패는 이뿐만이 아니었다. IBM이라는 컨설팅 회사의 지도 아래 비즈니스 프로세스 혁신을 새롭게 도입했다. 마케팅본부 제도, 밸류 체인, SCM(Supply Chain Management), 셀 생산, CCM(Capital Cost Management), DPIM(Development Process Innovation Management) 등이 그 내용이었다.

그러나 파나소닉은 원래 중소기업들이 모인 회사이다. 이런 방법의 중앙 집권 체제는 파나소닉에게 어울리지 않았다.

확실한 파괴, 나카무라의 역사적인 성과였다. 그러나 이 새롭고 창조적인 체제는 철저한 실패의 연속이었다.

그 한 예로 총 사업비 5,000억 엔(한화 약 5조 2,500억 원)에 달하는 아마가사키 플라즈마패널 공장 설립을 들 수 있다. 이 불량 채권은 아직도 인수자가 나서지 않는 상황이다. 실패 중의 실패라고 할 수 있다. 나카무라 체제는 도저히 오래갈 수 없었다.

나카무라의 업적과 잘못은 앞서 말한 내용 그대로이다. 좋은 점이 있으면 나쁜 점도 있기 마련이다.

작용, 반작용은 동전의 양면과도 같은 것이 아닐까?

세상은 영웅과 희생물을 원하기 마련이지만, 그 경우에도 시간적 배경과 그 위치는 고려되어야만 한다.

그때 나카무라는 당사자였고 시대가 요구하는 일을 했던 것뿐이다. 결론이 내려진 후에 이러쿵저러쿵 말하기는 쉽지만 시간을 되돌리는 것은 불가능하다.

'현재'는 '과거'를 해결할 수 없는 것이다.

사람에게는 사명이 있는가 하면 운명과 숙명도 있다. 나카무라에게도 그의 운명과 숙명이 있었을 것이다. 남을 평가하려 하는 것은 인지상정이지만, 나에게는 그가 변명하고 싶은 마음을 참으며 경영자로서 모든 것을 감내하고 있는 것처럼 보였다.

경영자란 본래 원망을 사는 직업인 것이다.

나카무라의 역사적인 대개혁이 있었기에 쓰가의 혁신이 순조롭게 진행되고 있다는 것을 잊어서는 안 된다.

승진→ 강등→ 승진으로 이어지는 롤러코스터 인사

미국에서 본사에 대한 보고를 게을리한 덕분에 내가 무엇을 해왔는지, 무엇을 하고 있는지가 불명확했다.

그 결과, 나를 기다리고 있던 것은 어이없게도 도쿄영업소(혼다, 닛산, 미쓰비시, 스바루 담당) 기획과장 자리였다.

2008년, 오토모티브시스템즈(사업부의 사내분사)의 사장으로 쓰가 가즈히로(파나소닉 본사 상무)가 부임하게 되었다. 그 당시 나는 오토모티브시스템즈의 영업전략실장이었다.

기업 대상 영업을 관리하는 기획 업무는 보람이 있었다. 영업으로서 줄곧 숫자에 쫓겨서 살아왔기 때문에 그 부담에서 해방될 수 있었던 것도 기뻤다.

한편, 도쿄영업소에 부임한 지 반년이 지난 후 회사의 조직 변동이 있었다. 혼다 그룹이 승격하여 신(新) 도쿄영업소가 된 것이다. 신임 소장은 혼다 그룹 토박이인 45세의 K과장이었다. 파격적인 발탁 인사였다. 나는 K의 능력을 높이 평가하는 사람이었기 때문에 이 인사 조치에 쾌재를 불렀다.

그를 불합격시킨 인사본부를 포함한 면접관들의 안목을 의심했었지만 그 인물을 파격적으로 등용한 인사의 유연한 대처는 놀라울 따름이었다.

K는 능력도 뛰어났지만 동시에 열정적인 사람이기도 했다. 그와 나는 안면이 거의 없는 상황이었음에도 불구하고 K소장은 신체제 검토 시에 나를 업무기획부장으로 발탁해 주었다. 그 덕분에 나는 K소장 대신에 사내의 다양한 업무를 진행하게 되었다.

영업본부장인 미즈노 유우(水野裕, 부사장)가 주최하는 영업소장 회의에도 참석했다. 그런데 이때, 어떻게 된 영문인지 미즈노의 지명을 받아 영업본부 부장으로 승진하게 되었다. 미즈노 본부장은 미국 근무 시절 나의 상사였던 M부장을 신임하고 있었다. 이 M부장이 미즈노에게 나를 추천했을 것으로 생각한다.

미국에서 책임자로 근무했던 사람이 일개 영업소의 기획과장으로 강등된 후, 다시 부장으로 승격했다는 것은 가히 롤러코스터 인사라고밖에 표현할 방법이 없었다.

본부 업무를 희망했었던 나에게 이 인사발령은 매우 좋은 기회였다. 하지만 내가 무엇을 해야 할지에 대해서는 도저히 짐작을 할 수 없었다.

내 과거를 되돌아 보면 규슈대학 합격→ 파나소닉 입사→ 오사카지구 발령→ 영업 담당→ 히로시마 근무→ 히로시마에서 담당 상품 전환→ 미국 근무→ 미국계 담당→ 부품 책임자→ 도쿄 근무 → 본부 근무에 이르기까지 신기하게도 20대 이후에는 내가 바라는 모든 것들이 이루어졌다.

미즈노도 인간미가 있는 사람이었기에 업무는 보람이 있었다. 하지만 나는 내 역할의 범위가 너무 넓은 나머지 오리무중의 상태였다. 하급 부장에 불과했던 나는 100명 정도의 조직을 운영하는 것에는 자신이 있었지만, 그 이상의 조직 운영은 부담이 너무 컸던 것이다.

사장이 되기 전에 증명된 쓰가 가즈히로의 리더십

미즈노가 정년퇴임을 하자 시바타 마사히사(柴田雅久, 현 상무)가 본부장으로 부임했다.

나는 이 연하의 상사와 원만한 관계를 구축하지 못했다. 시바타 는 솔선수범형 인재였기에 참모 역할보다는 실무형 부하를 원했던 것이다. 시바타에게 도움이 되지 못했던 점은 지금도 미안하게 생 각한다.

그러던 중, 서브프라임 모기지 사태가 터지고 말았다. 이 엄청난 불황은 파나소닉 전체에 영향을 끼쳤다. 미국을 중심으로 자동차 판매는 급감했고, 그 여파는 순식간에 전 세계로 퍼져 나갔다.

당시 7,000억 엔이었던 매출 목표는 4,000억 엔으로 하향 조정되 었다. 회사 내부는 긴장에 휩싸였고, 여러 가지 대책이 검토되었지 만 전망은 불투명한 상황이었다. 이에 조기 퇴직 제도의 도입이 불 가피해지고 말았다.

1월에 직원 설명회와 신청 접수를 진행했다. 55세 이상의 관리직 은 전원 그만둬야 한다는 분위기였다. 하지만 나는 전체의 인원 배치를 검토해야 하는 매우 중요한 입장이었다. 조기 퇴직자가 발생하게 되면 그에 따른 새로운 인원 배치를 바로 검토해야만 한다. 그런 상황에서 내가 조금이라도 빨리 그만두는 것이 전체의 움직임(체제의 재구축)에 도움이 될 것이라고 생각한 나는 시바타 본부장에게 사의를 표명하고 바로 후임을 결정할 것을 요청했다.

그리고는 2008년 2월에 회사를 떠나게 된 것이다.

그러한 상황이었던 2007년에 쓰가 가즈히로가 오토모티브시스템즈의 사장으로 부임해 오게 되었다.

쓰가 가즈히로(津賀一宏, 2012년 6월에 파나소닉 사장으로 취임)는 놀라운 사람이었다.

부임 전에 오토모티브시스템즈의 상황을 이미 완벽히 파악하고 있었던 것은 물론, 그 대책도 세워 놓았던 것이다. 부임 1주일 후에는 선행 투자를 하고 있던 시판 소형 내비게이션의 타사 납품 계획을 중지시켰다. 미국으로 날아가 크라이슬러와의 계약도 백지화시켰다. 이 두 가지 안건은 판매부가 정치적 이유로 원했던 것으로써, 사업적인 측면에서는 채산성이 전혀 없는 무리수였기 때문이다.

그 이후에도 연이어 새로운 구상을 내놓았다. 특히 영상, 음향, 통신기기 등의 디지털 네트워크를 주축으로 하는 AVC네트워크사(社)와의 연계를 중점적으로 추진했다(2011년 4월에 파나소닉 본사 전무, AVC네트워크 사장으로 취임). 즉, 쓰가는 파나소닉 간부들 중에서 디지털화의 중요성에 대해 잘 알고 있는 몇 안 되는 사람이었던 것이다.

나는 쓰가야말로 고노스케 이후의 명경영자(名經營者)라는 것을 느꼈다.

어느 날 나는 주임급 직원들의 경영 교실을 지도하는 역할을 맡게 되었는데, 담당 그룹 멤버 중 하나가 '자동차를 만들자'는 주제를 연수 테마로 제안했다. 너무 큰 테마였기 때문에 제안한 장본인조차도 주저할 정도였지만, 나는 아랑곳하지 않고 크게 독려해 주었다. 그리고 쓰가는 연수 발표에서 그 멤버의 발표를 듣고는 곧바로 자동차 개발 검토팀을 발족시켰다. 이처럼 사람의 의견에 귀를 기울이는 그의 자세는 매우 놀라웠다.

쓰가의 판단은 심플했다. 상품 분야에서 기술적으로 강점이 있는 것은 무엇인가? 그 상품의 시장 성장성은 어떠한가? 그는 이 두 가지 포인트만을 가지고 과감하게 결정했다.

야마시타가 원했던 것은 강력한 사업부, 탈가전(脫家電), 기술입사(技術立社) 이 세 가지였다. 30년의 세월이 지난 지금, 쓰가가 그 완성을 향해 나아가고 있다. 고노스케가 이룩한 경영 시스템은 명경영자를 만나서 다시 빛을 발하려 하고 있다.

고노스케는 후계자로 인해 많은 고심을 했지만, 훌륭한 지도자를 만난다면 제대로 운영될 수 있는 시스템을 만들었던 것이다.

역시 고노스케는 경영의 신이었다.

카 일렉트로닉스 사업을 낳은
사노 다카미의 공적

쓰가의 개혁은 매우 신선했다.

오토모티브시스템즈의 초대 사장은 사노 다카미(佐野尙見, 부사장)였다.

사노는 뛰어난 기획 감각으로 다양한 아이디어를 많이 개진하여 파나소닉 상부로부터 높은 평가를 받았던 인물이었다.

인더스트리 본부장이었던 그는 새롭게 발족된 PAS사(社)의 사장이 되었다. PAS(Panasonic Automotive Systems)는 내가 소속되어 있었던 사내 분사였다.

PAS는 나카무라 개혁의 일환으로 마쓰시타통공과 마쓰시타전산이 함께 카 일렉트로닉스 사업을 전개하는 회사였다. 그 실체는 마쓰시타통공의 카 일렉트로닉스 사업부였지만 경영자가 세 명에, 영업은 마쓰시타전산이 담당하는 대단히 복잡한 조직이었다.

사노는 이 복잡한 조직체를 통솔하는 역할을 맡았다.

하나의 사업부와 같은 조직인 PAS의 사장으로는 사업부장 정도면 충분했지만, 그런 자리에 거물이 세 명이나 포진하고 있을 정도였으니 그 역할 분담은 매우 어려웠을 것임에 틀림 없었다.

그는 이 중앙 관료적인 조직체에서 최선을 다해 PAS를 꾸려나갔다. 그리고 파나소닉의 경영진에게 카 일렉트로닉스 사업의 중요성을 끊임없이 강조했다. 그 덕분에 당시 마쓰시타통공의 한 부문에 불과했던 카 일렉트로닉스 사업을 파나소닉 그룹의 중점 사업으로, 그리고 쓰가 시대의 2대 중점 사업으로까지 끌어 올렸다. 이것은 사노의 최대 공적이라고 할 수 있을 것이다.

그는 과거 자신이 이끌었던 인더스트리 영업본부의 우수한 인재를 카 일렉트로닉스 부문에 아낌없이 투입시켰다. 이렇게 하여 카 일렉트로닉스 영업 부문의 주력 멤버는 인더스트리 출신자들로 채워졌다. 또한, 쓰가를 카 일렉트로닉스 부문의 담당 책임자로 데려온 것도 사노의 힘이었다.

그러나 부하 직원이나 고객으로부터의 평가는 그다지 좋지 않았다. 그도 그럴 것이, 카 일렉트로닉스와 영업 모체의 상층부를 마쓰시타전산과 인더스트리 출신의 간부들이 모두 차지했기 때문이다. 이래서는 이전 담당자가 무능하다는 낙인을 찍는 것이나 마찬가지였다.

하지만 그가 파나소닉의 자원을 카 일렉트로닉스 사업에 투입하기 위해 최선을 다했다는 것만은 틀림없는 사실이다.

✓ 전임자의 방침을 모두 뒤엎은 쓰가의 개혁

쓰가의 전임자들은 마구잡이로 매출 신장만을 추구했다. 아무런 근거가 없는 상황에서도 필사적으로 매출 대책을 세우고 추진해 나갔다. 하지만 쓰가는 이런 무모한 전략을 정면에서 부정했다.

경영 위기에 처했을 때, 쓰가는 사장실 밖으로 나와 기술 부문에 자신의 자리를 마련했다. 이때 나는 업무상 쓰가와 이야기를 할 기회가 있었다. 보고 내용이 온통 매출 저하와 관련된 것이어서 언제나 괴로운 상황이었지만, 쓰가는 싫은 내색 하나 하지 않고 보고를 받았다.

그 후 쓰가는 AVC네트워크사(社)의 사장이 되어 플라즈마 패널 철수를 결단하고 파나소닉을 위기에서 구해냈다. 그리고 파나소닉 본사의 최고경영자로 취임하여 현재는 쓰가 혁명을 추진하고 있다.

쓰가 혁명의 특징은 'B2B로의 방향 전환'이다.

특히 '카 일렉트로닉스'와 '홈 일렉트로닉스'가 그 중점 사업 분야이다.

　또 사업부제를 부활시켜서 책임 소재를 명확히 하는 것, 이익률 최저 목표를 5퍼센트로 설정하고 평가기준을 명확히 한 것 등을 들 수 있다.

✓ 파나소닉은 반드시
V자로 부활한다!

쓰가가 카 일렉트로닉스, 홈 일렉트로닉스를 중점 분야로 꼽은 것은 어떻게 보면 당연한 일이다.

내가 담당하던 시절에 최대 7,000억 엔이었던 매출액을 쓰가는 1조 엔까지 성장시켰다.

쓰가는 이 과정에서 파나소닉의 극히 일부분에서만 진행하고 있는 카 일렉트로닉스 사업에 파나소닉 전체의 기술과 자금, 무엇보다 인적 자원을 집중적으로 투입한다면 훨씬 더 큰 사업으로 성장시킬 수 있다고 판단했을 것이다.

홈 일렉트로닉스도 마찬가지이다.

지금까지 파나소닉 전공이 담당하고 있던 분야를 파나소닉 전체가 함께 추진한다면 가능성은 한층 넓어질 것이다.

쓰가는 누구보다도 디지털 혁명의 본질을 꿰뚫고 있는 사람이다. 따라서 디지털 혁명을 온 몸으로 느끼고 있는 AVC네트워크사(社)의 우수한 인재들을 전사적으로 배치했다.

어떤 의미에서 쓰가는 야마시타 도시히코의 계획을 매우 큰 규모로 추진하고 있는 것이라고 할 수 있다. 발상은 매우 간단하다. 파나소닉이 어떤 기술을 가지고 있는가. 그 기술이 받아들여질 수 있는 시장은 어디인가. 그 시장에서 향후 얼마만큼의 수익을 확보할 수 있는가. 이와 같은 관점에서 좋고 나쁜 것을 객관적이고 심플하게 판단하는 것이다.

현 시점에서 쓰가 혁명의 달성도는 20퍼센트 정도가 아닐까 한다. 아직도 발전 가능성이 많이 있다는 의미이다.

야마시타 – 사쿠마 체제는 가전에 편중된 기업이 아닌, 종합 일렉트로닉스 기업을 지향했다. 쓰가는 자동차, 주택, B2B에 경영 자원을 투입하려 한다. 이것이 바로 야마시타 – 사쿠마 체제가 추진했던 종합 일렉트로닉스 사업을 구체화시키는 길이다. 이제 바통은 야마시타에게서 쓰가로 넘어갔다. 이 바통은 야마시타로부터 시작되어 타니이, 모리시타, 나카무라, 슈즈이, 무라야마, 모리, 오츠보 등과 같은 역대의 경영 간부들이 그 시대의 요청에 부응하면서 소임을 다하며 이어져 온 것이다.

쓰가는 시대의 흐름을 읽는 안목, 기술의 장래를 보는 눈을 가지고 있다. 반드시 해야만 하는 일을 적절한 타이밍에 단호하게 해내는 리더십의 소유자이기도 하다.

이제 마지막으로 남은 것은 고노스케가 말하는 '운'이 그의 편이되어 주는 것이다. 운명의 여신이 쓰가의 손을 들어줄 때 파나소닉은 다시 한 번 크게 도약할 수 있을 것이다.

운을 자기의 것으로 만들기 위해서는 고노스케가 말했던 것처럼 "자신을 다스리고 바르게 세우며 겸허하게 귀를 기울인다."라는 자세가 중요할 지도 모른다. 하늘에서 그냥 주어지는 것은 아니다. 순수한 마음을 가지고 두려움을 아는 사람에게만 찾아오는 것이다.

쓰가는 반드시 파나소닉 중흥의 아버지가 될 것임에 틀림없다.

쓰가 가즈히로가 건넨
위로의 말

드디어 나의 파나소닉 인생도 그 종착점이 가까워지고 있었다.

못다 한 일투성이었다. 하지만 퇴직 후에 해야 할 일들이 산더미처럼 쌓여 있었다. 오히려 점점 더 바빠질 것 같은 예감이 들었다.

지금은 후배 양성과 중소기업의 경영 지도, 특히 앞으로의 세상에서 필요하게 될 사업을 내 나름의 마케팅 수법을 통해서 한층 더 확장시키는 일을 하고 있다.

파나소닉을 떠나기 직전, 마지막 인사차 최고경영자인 쓰가 가즈히로를 방문했을 때 그는 나에게 이런 말을 해 주었다.

"히라카와 씨가 그만둔다는 것은 이미 오래전에 들어 알고 있습니다. 정말로 면목이 없습니다. 반드시 좋은 회사로 만들겠다고 약속하지요. 그리고 처음 만났을 때 히라카와 씨에게 차갑게 대했던 점은 미안하게 생각합니다. 영업전략실이라는 곳이 잘난 척만 할 뿐, 뭘 할 수 있겠나 하는 선입견을 가지고 대했던 것 같습니다. 정말로 죄송합니다."

겉모습보다 내면을 중시하는 쓰가다운 말이었다.

애초에 그에 대한 응어리 같은 것은 전혀 없었다. 그가 나를 차갑게 대했던 기억은 없으니 다른 사람의 이야기인지도 모른다. 하지만 기억력이 좋은 쓰가의 말이 맞을 것으로 생각된다.

그 이후 쓰가는 나에게 정중한 편지까지 보내 주었다. 개인적인 문서이니 이 책에서는 밝힐 수 없지만, 그의 진심이 가득 담긴 따뜻한 문장이었다. 최고경영자로부터 직접 위로의 말을 받아서 감사할 따름이다.

이렇게 해서 55세의 어느 봄날, 나는 파나소닉을 졸업하게 되었다.

마치며

내가 히로시마에서 근무하고 있던 당시, 이 책에 등장한 전설의 사업부장 시바 씨가 가끔 찾아오곤 했었다.

그는 파나소닉을 정년퇴임한 후 JCS(Japan Climate Systems, 일본 자동차 공조회사-역주)의 고문으로서 경영 어드바이스를 하고 있었던 것이다.

그 덕분에 나는 시바 씨와 함께 귀중한 시간을 보낼 수 있었다. 둘이서 히로시마 북부에 위치한 에타지마(江田島)와 미야지마(宮島)를 방문하곤 했다.

그때마다 그는 경영에 관한 자신의 생각을 반복해서 들려주었다.

> "파나소닉의 사업부장은 사업의 모든 것에 책임을 질 각오가 되어 있어야 한다."
>
> "경영을 할 때, 해야만 하는 일이 옳다는 확신이 있다면 주위의 반대가 있을지라도 결단코 해 내야만 한다."

경영자로서 수많은 역경을 헤쳐 나온 장본인의 경험담이었다. 나는 그 하나하나를 가슴속 깊이 새겼다. 되돌아 보면 자동차 에어컨 시절에는 시바, 슈즈이, 이세토, 모리, 나카야마, 가와구치, 하야시, 쓰지무라, 스기타니 등 훌륭한 상사, 선배, 후배들이 가득했다.

그 이후에도 모리시타, 기타다이, 사노, 쓰가와 같은 분들로부터 직접 지도를 받았다. 이들 모두 사람을 키우는 일에 열심이었다.

행운이 가득했던 파나소닉 인생이었다.

나는 파나소닉의 경영 간부도 아니며 본사의 중추적인 역할로서 경영에 깊게 관여했던 사람도 아니다. 파나소닉 조직 말단에서 일상의 업무와 악전고투를 하던 일개 직원에 지나지 않았다.

또한, 파나소닉의 경영 과제나 방침에 대하여 그 진실 모두를 알고 있는 입장도 아니다.

이 책에서 이야기하고 있는 것들은 어디까지나 현장에서 바라본 내 나름대로의 파나소닉 논평이다.

하지만 내가 경영 간부들의 진솔한 모습을 지근거리에서 봐 왔다는 것은 사실이다.

역대 사장 중, 모리시타 사장이나 쓰가 사장에게서 사심을 느낀 적은 없었다. 안타깝게도 직접 지도를 받은 적은 없었지만 나카무라 사장이나 오오츠보 사장에게서도 언제나 최선을 다하는 모습을 엿볼 수 있었다.

이처럼 성실하고 꾸준히 노력하는 파나소닉 경영 간부들의 모습을 독자 여러분이 알아준다면 대단히 기쁘겠다.

이 책의 기획은 나카지마 다카시(일본의 경영 컨설턴트이자 경제평론가-역주) 씨가 주최하는 세미나 '원리원칙연구회'에서 시작되었다.

몇 년 전, 파나소닉에 관한 책이 몇 권 발간되어 그 내용의 진위에 대한 질문을 많이 받는 바람에 나카지마 씨가 세미나를 열어 주었던 것이 그 발단이었다.

그때부터 이 책이 완성되기까지 원리원칙연구회의 멤버들로부터 많은 질타와 격려를 받았다.

이 자리를 빌어서 나카지마 씨를 비롯한 원리원칙연구회의 멤버들께 감사의 말씀을 드리고 싶다.

히라카와 노리요시

■ 파나소닉의 역대 사장 명단

1대 : 마쓰시타 고노스케 (松下幸之助, 1935년 12월~1961년 1월)

2대 : 마쓰시타 마사하루 (松下正治, 1961년 1월~1977년 2월)

3대 : 야마시타 도시히코 (山下俊彦, 1977년 2월~1986년 2월)

4대 : 타니이 아키오 (谷井昭雄, 1986년 2월~1993년 2월)

5대 : 모리시타 요이치 (森下洋一, 1993년 2월~2000년 6월)

6대 : 나카무라 구니오 (中村邦夫, 2000년 6월~2006년 6월)

7대 : 오오츠보 후미오 (大坪文雄, 2006년 6월~2012년 6월)

8대 : 쓰가 가즈히로 (津賀一宏, 2012년 6월~현재)

■ **파나소닉의 경영 이념**

강령 · 신조는 1929년에 제정했으며 다음은 현재의 내용임

강령 : 산업인으로서의 본분에 충실하고 사회생활의 개선과 향상을 도모하며 세계 문화의 발전에 기여할 것을 목표로 한다.

신조 : 향상과 발전은 각 구성원의 화합과 협력을 바탕으로 하며, 각 구성원은 최선을 다한다는 정신으로 일치단결하여 업무에 전념한다.

■ 파나소닉의 '준봉해야 할 7정신'(1933년에 '준봉해야 할 5정신'을 제정하고 그 후 두 항목이 추가됨)

1. **산업보국**(產業報國)**의 정신** : 산업보국은 당사 강령에 제시한 바, 우리 산업인은 이 정신을 가장 으뜸으로 여겨야 한다.

2. **공명정대**(公明正大)**의 정신** : 공명정대는 인간 처세의 근본인 바, 아무리 학식과 재능을 겸비하여도 이 정신이 없는 사람은 타인의 모범이 될 수 없다.

3. **화친일치**(和親一致)**의 정신** : 화친일치는 당사의 신조로 내 건

바, 아무리 우수한 인재들을 보유하여도 이 정신이 부족하다면 마치 오합지졸과 같아서 아무런 힘을 발휘하지 못한다.

4. **역투향상(力鬪向上)의 정신** : 우리의 사명을 달성하기 위해서는 철저한 역투의 정신만이 유일한 요체인 바, 진정한 평화도 향상도 이 정신이 없이는 얻어질 수 없다.

5. **예절겸양(禮節謙讓)의 정신** : 사람으로서 예절이 흐트러져 겸양의 마음이 없어지면 사회의 질서는 유지될 수 없으며, 올바른 예의와 겸양의 덕이 존재하는 사회로 정화함으로써 윤택한 삶을 실현할 수 있다.

6. **순응동화(順應同化)의 정신** : 진보 발전은 자연의 섭리에 순응 동화하지 않으면 얻을 수 없고 사회의 대세를 거슬러 인위적으로 바꾸려 한다면 결코 성공할 수 없다.

7. **감사보은(感謝報恩)의 정신** : 감사보은의 마음은 우리에게 무한한 기쁨과 활력을 주는 바, 이 정신이 깊다면 어떤 난관도 극복할 수 있으며 진정한 행복의 근원이 된다.

■ **창업자 고시(告示)** (1932년 5월 5일)

산업인의 사명은 가난의 극복에 있다. 그를 위해서는 물자의 끊임없는 생산을 통해 부를 증대시켜야 한다. 가공된 수돗물은 돈을 주고 사야 하는 자원이지만, 통행인이 수돗물을 마신다고 해서 비난을 받지는 않는다. 그 이유는 양이 많고 가격이 매우 저렴하기 때문이다. 이처럼 산업인의 사명은 물자를 수돗물과도 같이 풍부하고 저렴하게 생산, 제공하는 것이다. 그 결과 이 세상에서 가난을 몰아내고 사람들에게 행복을 가져다 줄 수 있는 낙원을 건설할 수 있는 것이다. 우리 회사의 진정한 사명도 바로 그것이다.

■ **장사의 전술 30조** (1936년 제정)

제1조   장사는 세상을 위하고 사람을 위한 봉사이며 이익은 그 정당한 보수이다.

제2조   고객을 빤히 쳐다보지 마라. 시끄럽게 따라다니지 마라.

제3조   가게의 크기보다 가게의 위치가 중요하고, 가게의 위치보다 품질이 중요하다.

제4조   진열에 능숙한 사람은 장사에 서투르다. 어수선하고 작은 가게가 오히려 좋을 수도 있다.

제5조   거래처는 모두 친척과 같은 관계를 만들어라. 그들에게 동정을 받을 수 있느냐가 흥망의 갈림길이다.

제6조   팔기 전의 아첨보다 팔고 난 후의 봉사, 이것이야말로 영원한 고객을 만든다.

제7조   고객의 불평은 신의 목소리라 여기고 어떤 말이든 기쁘게 받아들여라.

제8조   자금의 부족을 걱정하지 말라. 신용의 부족을 걱정하라.

제9조   매입은 간소하게 하라. 안심할 수 있는 간소한 매입은 번창의 밑거름이 된다.

제10조 100엔어치를 사는 고객보다 1엔어치를 사는 고객이 가게를 번창하게 하는 기반이 된다.

제11조 무리해서 팔지 마라. 고객이 좋아하는 것을 팔지 마라. 고객을 위한 것을 팔아라.

제12조 자금 회전을 늘려라. 100엔의 자금도 열 번 회전하면 1,000엔이 된다.

제13조 교환이나 반품 시에는 판매할 때보다 더 기분 좋게 고객을 대하라.

제14조 고객 앞에서 어린 점원을 꾸짖는 것보다 고객을 내쫓기 쉬운 방법은 없다.

제15조 좋은 제품을 파는 것은 선이다. 좋은 제품을 널리 알려 많이 파는 것은 더 큰 선이다.

제16조 내 물건이 없으면 사회는 돌아가지 않는다는 자신감을 가져라. 그리고 그만큼 책임을 느껴라.

제17조 매입처에게 친절히 대하라. 그리고 정당한 요구는 기탄없이 말하라.

제18조 종이 한 장의 경품이라도 고객은 기쁨을 느낀다. 줄 것이 없을 때는 미소를 경품으로 증정하라.

제19조 가게를 위하는 일이 동시에 점원 자신을 위하는 일이 될 수 있도록 대우 이외에도 기타 적당한 방법을 강구하라.

제20조 언제나 아름답게 진열하여 고객의 발걸음을 잡는 것도 하나의 방법이다.

제21조 종이 한 장이라도 낭비한다면 그만큼 상품의 가격이 올라간다.

제22조 품절은 가게의 부주의에서 비롯된다. 사죄한 후 '바로 입수하여 보내드리겠습니다.'라고 고객의 주소를 물어보라.

제23조 정가를 지켜라. 할인은 오히려 고객의 기분을 상하게 할 수 있다.

제24조 아이는 복을 부르는 신이다 – 아이를 동반한 고객이나 아이가 심부름을 왔을 경우에는 특히 신경을 써라.

제25조 오늘의 손익을 항상 생각하라. 오늘의 손익을 명확히 하고 나서야 잠을 자는 습관을 들여라.

제26조 고객이 '그 가게의 제품이니까.'라고 신뢰하고 자랑스러워할 수 있게 하라.

제27조 정기 발주를 위해 거래처를 방문할 때는 한두 가지 제품이나 상품 소개서를 지참하라.

제28조 매장을 활기차게 만들어라. 몸을 움직여 적극적으로 일하라. 떠들썩한 가게에 고객이 모인다.

제29조 신문 광고는 전부 훑어 보아라. 주문을 받고서도 무엇인지 알지 못하는 것은 상인의 수치이다.

제30조 상인에게 호황, 불황이란 없다. 어떤 상황에서도 이익을 내야 한다.

파나소닉
V자 회복의
진실

초판 1쇄 인쇄　　2016년　6월　1일
초판 1쇄 발행　　2016년　6월　10일

발행사	HS애드
발행인	김종립
지은이	히라카와 노리요시
엮은이	HS애드 B2B커뮤니케이션 연구 TFT
출판등록	제318-2004-98호(2009.3.17)
주소	서울특별시 마포구 마포대로 155 LG마포빌딩
전화	02-705-2700
팩스	02-705-2955

공급처	북스타
전화	031-955-8787
팩스	031-955-3730

ISBN　　979-11-957868-0-0　03320